法律誰說了算？
若你是法官，你怎麼判？

What
The

What is the law?

法

作者——公共電視
文字——法律白話文運動

插畫／石芯瑜、蔡佳錡、陳濯緯

透過爭議案件，
和我們一起加入思辨能力的修練場吧！

公共電視節目部製作人　賴彥如

「青春發言人」一直以來，經常對外宣稱節目的目標是想透過豐富多元的影片形式，討論各種社會議題、和台灣的青少年一起培養思辨能力。但所謂的「思辨能力」是什麼？什麼樣的內容能夠開啟這個「神祕」的能力？從 2016 年節目開播後，團隊經常這樣自問，也在一邊製作節目、一邊和青少年的交流中，逐漸發現只要在面對社會事件時，願意思考背後的脈絡、理解各方立場，就是一種思辨的展現。畢竟，從小到大一直被要求填寫正確答案的我們，缺乏的正是這種自行挖掘和思考問題的能力。

在這樣的理解下，那些在社群媒體上引發熱議、讓人老是無法理解我國法官的「恐龍判決」，似乎是思辨能力的修練場。在容易過分強調二元對立的網路世界中，重大社會案件常有的「是非兩難」不易被看見，法律如何在其中求得合理判決的脈絡，更是沒有人討論。因此，我們邀請「法律白話文運動」（法白）一起開發全新的法律動畫單元《What the 法》，讓案件中的加害人、被害人、律師、法官等，都能為自己發聲，以不同視角重現法律案件會有的思辨過程。

　　這個單元從「主題挑選」到「判例改寫」，都讓團隊耗盡心思。在主題挑選上有幾個原則：貼近青少年、源自真實案例、具備法律思辨性。於是，選材包括「正當防衛殺人不行嗎」、「網路二次創作是否違法」、「學生能否告學校」等，都是大家熟悉、網路曾熱烈交鋒論戰的事件。相信只要看到案例內容，你也會和我們一樣，開啟思辨模式，陷入「如果我是法官，我該判他有罪，還是無罪？」的難題之中。

　　很感謝這次有機會跨界與時報出版合作，將《What the 法》的內容轉化成文字。也謝謝法白團隊的用心，補充了非常多影片節目中無法深談的法律知識與概念，甚至還加碼討論了兩個全新的案例。如果法律是社會如何看待公平與正義的一面鏡子，那我們希望能藉由這樣的內容，搭起青少年與司法的橋樑，讓社會共識有更完整的可能。

在法律面前，公平正義是一道困難而沉重的問題

法律白話文運動站長 楊貴智

　　或許對「圈外人」而言，法律是一門神祕卻又引人入勝的產業。因為法律人勞動所欲滿足者，是人民對於公平正義的期待，在每一次驚世駭俗的社會事件發生之後，輿論目光往往轉向法院靜候法院判決，期待法官筆下的判決能道出人世間的善惡是非，以公理還諸社會。然而對於法律人來說，公平正義卻是一道困難而沉重的問題。賞善罰惡是亙古不變的道理，然而何謂善者？何謂惡棍？孰能定義？例如第一章中掐死小混混的家豪，雖然是為了要保護自己與女友，是否能做出無須為阿星之死負責的結論？或許善中有惡，惡中有善，才是人類社會的常態，而法律人能做的，則是試圖以法律劃出那條難以釐清但必須明確的界線，讓人們的互動歸於秩序之內和諧而共處。

　　「法律白話文運動」於 2019 年與公共電視「青春發言人」節目合作製作《What the 法》單元，透過生動有趣的動畫演出個案事實，進而帶領觀眾以法官立場思考如何在個案中思考法律。如果您是帶領孩童閱讀本書的家長師長，可試著帶領孩童從案例劇情想像各種不同的版本，一起腦力激盪：「如果事情是這樣，那結論應該是怎樣」。

　　本書感謝法白的夥伴許珈熒、江鎬佑、林大鈞、徐書磊、劉珞亦、蔡涵茵用心編寫。我們也誠摯希望，您會喜歡這本書。

是非黑白的二分法之外，
有許多我們更需要關注的灰色地帶

法律白話文運動事業部經理　徐書磊

　　每當新聞中出現矚目的社會案件，或是媒體報導法院對於特定案件的判決結果時，漫天飛舞的評論中，一定會看到不少「恐龍法官」、「司法已死」甚至「魔鬼代言人」的評論，仿佛法官、檢察官或律師等法律從業人員，都不斷與社會大眾站在對立面，沒有一個決定是讓人信服或是能夠主持公平正義的，但這些最容易被關注到的言論和情緒表現，真的能夠代表整個社會對於法治或司法的看法嗎？

　　2019 年公共電視「青春發言人」的製作團隊聯繫我們，表示希望能夠針對社會中難下定論、兩面觀點激烈碰撞的法律議題，做一個不一樣的呈現，我心中立刻浮現的便是前述的疑問。因此，雙方團隊討論規劃後，便決定藉由這個機會，透過幾個重大的爭議案件，讓大家心中的判準和法院的見解互相碰撞，看看能夠擦出什麼樣的火花──也因此誕生了這個「青春發言人 × 法律白話文運動 × 視網膜」的《What the 法》單元系列動畫。

　　透過風格強烈的動畫設計，搭配精湛的配音和視網膜一貫引

人入勝的主持方式，從節目下的評論以及社群反饋中，確實達到希望讓立場衝突的兩方進而多理解對方一點的目的。但是，礙於影片的長度，我們似乎都有點意猶未盡。若是能多闡述這些事件的背景和法律見解的內容，觀眾也能在思辨與趣味之外，汲取更多相關的法律知識。在時報出版以及公共電視的協助與合作下，我們決定將本企劃製作成實體書出版，以當時的影片劇本為主軸，延伸背景事件以及增補相關的法律知識。

　　在規劃內容和改寫增補下，我一直誠惶誠恐，很怕對議題有所誤解，或是無法完整呈現本書的精神：「在是非黑白的二分法外，許多法律議題的灰色地帶，才更需要社會的關注與理解」，所幸在編輯鄭玨的幫忙和救火，以及最愛的夥伴們貴智、珈煖、鎬佑、大鈞、珞亦、涵茵的正常發揮下，一起順利完成了這本書。希望大家能夠大力支持買下去，並且把看完本書後的所有疑問、情緒和心得，大膽地和大眾與法律白話文運動分享。

目次

1 是正當防衛，還是殺人？

事件

正當防衛殺死人，不行嗎？

◀ 事件主角

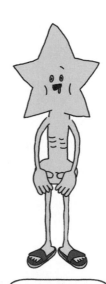

小C　　　張家豪　　　小混混阿星

◢ 事件時間

民國 100 年 5 月 4 日

◢ 事件地點

桃園市某知名山區

◢ 事件概要

桃園市有一名女子，名叫小 C，當天向警方報案，聲稱自己和男友到山上看夜景，卻遇到一名拿刀的小混混趁機打劫，甚至對小 C 毛手毛腳、意圖不軌。男友張家豪為了保護他，並向前阻擋，成功壓制小混混。以為危機解除的他，卻一不小心「掐死」了小混混阿星。

〔 一場人生意外的腥風血雨 〕

甜蜜的約會，竟意外招來不速之客

張家豪和女友小 C 於民國 100 年 5 月 4 號的晚上 12 點多，吃完晚餐後，騎車到桃園市的大鼓山上看夜景。當天天氣不錯，且剛好是平日，山上人煙稀少，張家豪和小 C 坐在涼亭吹風聊天，享受小倆口的甜蜜時光。

約莫半小時後，小混混阿星出現了，手持一把水果刀，竟然要向他們勒索「愛情稅」！阿星要他們倆把身上所有的現金交出來，否則就要對他們不利。

「絕對不能讓我女朋友受傷」是張家豪內心的第一個想法，所以第一時間便把他倆錢包所有的錢都掏出來給阿星。

拿了錢還不夠，竟還性騷擾！

張家豪與小 C 原以為給錢便能了事，誰料，小混混阿星變本加厲，用令人不舒服的眼神上下打量小 C。更令小 C 料想不到的是，阿星竟還動手摸了她的臀部一把，對她上下其手！小 C 一怒之下極力反抗，立刻往阿星的下體猛踢一腳，一時沒站穩的阿星，便跌到了地上。張家豪眼看阿星跌倒，便上前壓制，很快制伏了這個小混混。

我一心只想保護女友！

　　張家豪坦言，當下那種情形，他其實是既緊張又害怕的。小混混阿星雖然身形瘦小，但是他手持利器，又對女友動手動腳，他確實擔心，若再讓小混混爬起來，阿星或許又會再侵犯女友，自己也可能會被攻擊。

　　張家豪也說，當下他一心只想著保護女友，其他的他什麼都無法思考，很擔心阿星會拿刀反撲，甚至對女友不利，所以便用盡所有的力氣死命地勒住他。

完全沒有想過會殺死一個人

眼看阿星被張家豪制伏，小 C 便趕緊拿起手機報警。警察也迅速趕到現場，但是沒想到阿星竟在這期間，被張家豪活活地「掐死」了！

張家豪表示：「我從頭到尾都沒有要殺他的意思，在這種狀況下，我覺得算是很合理的正當防衛吧！」

同時他也認為，若非阿星為非作歹，意圖傷人搶劫，怎會發生這些事情？

他是壞人，但真的有壞到需要拿命來賠嗎？

前科累累的阿星

　　事發後，阿星的母親聞此噩耗，心痛至極。她表示，雖然阿星從來不是什麼「好人」，他偷過錢、也吸過毒，甚至前半年才剛假釋出獄。阿星母認為雖然阿星前科累累，也作惡不斷，但是阿星的錯，真的罪孽深重到需要他的一條人命來賠嗎？阿星母對此沉痛表示她的悲傷。

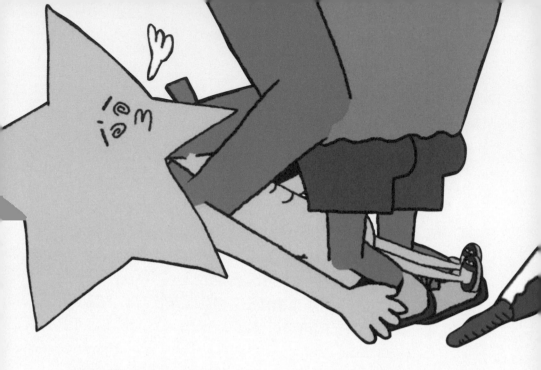

檢察官解剖結果

　　根據檢察官解剖阿星遺體的結果，張家豪是在掐住阿星的脖子後短短幾分鐘，便已昏過去，且阿星的頸部因為被勒住壓制，造成氣管和頸部都有出血的狀況，造成缺氧無法呼吸而窒息死亡。阿星母表示，他認為張家豪顯然是一時氣憤的報復行為，一怒之下殺死了阿星，她認為：「人都昏迷了還繼續掐，怎麼會是過失？擺明就是要殺了他。應該要用傷害罪來判刑才對，應該是傷害致死，而不是過失。」

失去經濟重心，一老一小負擔重大

　　阿星母表示，之前還盼望著阿星假釋出獄後可以繼續賺錢養家，至少家裡還有一個收入來源。因為她早已年邁，阿星又有一個 3 歲的獨子，現在家裡剩下一老一小，阿星的死，也意味著家中的經濟重心崩塌。

　　阿星母也提到，阿星之所以出此下策行搶，是因為他前科累累，找工作難上加難，沒有雇主願意雇用他，連 2000 元的房租也付不起，無奈之下只好做出不法之事。

壞人就該死嗎？

　　張家豪為了保護自己與女友，失手誤殺了小混混阿星。阿星母表示，原本可以不用死的人，卻因為過度防衛而殺死了一個人，真的不需負一點責任嗎？另外，張家豪與小 C 卻認為這是一個在危急情況下，迫不得已的失誤，並未逾越任何法律的紅線。

　　這到底算是正當防衛，還是殺人？

◢ 案件判決結果

法官認定張家豪防衛過當，犯下過失致死罪，判處兩個月有期徒刑，並得以一天一千元的金額易科罰金，緩刑 2 年。

◢ 判決理由

法官在判決時，必須考量到被告張家豪防衛手段是否能確實阻止嫌犯、防衛手段造成的結果以及若不阻止嫌犯可能遇到的危害相比是否過於嚴重等要件，從而判斷是不是防衛行為，以及防衛有沒有過當。

最後張家豪雖然被判刑，但是以過失致死判決，並給予緩刑，法官已經考慮到被告張家豪當下無可奈何的情狀和保護自己和女友小 C 的情有可原。

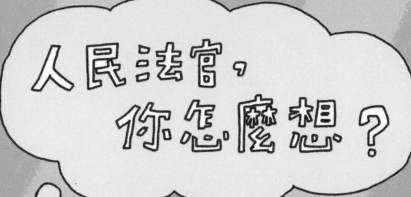

人民法官，
你怎麼想？

[A]

張家豪並非故意殺人，應該判正當防衛，無罪。

張家豪應該要為自己的過失致死負責，但考量他情有可原，可以輕判有罪。

[B]

法官判決理由

⬤ 張家豪應可以判斷當下情況

　　法官在進行判案之時，常常需要多方面分析，了解各種線索與情況，要判得合情合理又合法，並非易事。法官根據以下幾條關鍵理由，才判決張家豪過失致死罪。

　　第一，根據驗屍報告和警方的調查，在本案件中的小混混阿星，其實在張家豪勒住他的脖子時就可能已經昏迷，身體呈現癱軟狀況。張家豪也有表示，當時有發現阿星有點喘不過氣，可見張家豪在當下，是可以注意到對方可能會有呼吸困難的狀況。

⬤ 身形差距、失去抵抗能力

　　第二，張家豪身高 180 公分，體重 85 公斤，而小混混阿星的身高 165 公分，體重 60 公斤，張家豪的身形明顯比阿星還要魁武壯碩。

一開始阿星持刀威脅，張家豪勒住脖子反制，這屬正當防衛毫無異議。但是，當他發現阿星昏迷在地，明顯已經沒有抵抗能力，甚至手上的刀子已經掉到地上之時，他已經有了絕對的優勢，可以用其他方式壓制對方。在等待警方到來的過程當中，張家豪應該不需要再繼續勒住阿星的脖子，甚至到把他掐死的程度。

　　由此可見，張家豪之後的行為屬於防衛過當。

180cm
85kg

165cm
60kg

◑ 考量情有可原，減輕刑責

　　不過法官也有表示，在生命安全受到危害時，出手反擊是人之常情，但反擊的力道、方式和必要程度，法律應該都要有相對應的規範，讓防衛行為符合一定的條件，才能不受到法律的處罰。否則在防衛自己的當下，往往是情緒激動而情況緊急，如果防衛行為都不處罰，則必然會導致暴戾的反擊風氣，而使得嫌犯發生傷害或是死亡的結果。綜合以上，張家豪的行為雖然實屬過失致死，但是考量到當時的情況危急緊迫也情有可原，以緩刑 2 年來減輕張家豪的刑責。

法律與反思

「正當防衛」的程度

「人不犯我，我不犯人；人若犯我，雖遠必誅。」當有人在你眼前攻擊你，甚至對你的生命安全造成危害，在正常情況下任何人都會出手反擊。但是，反擊的力道如何拿捏，在法律上是有所限制的。若法律沒有限制「正當防衛」的程度，是否一個人朝你吐口水，你也可以朝他淋汽油、燒死他呢？

一個人的死亡是會影響其家庭

一個人的死亡，就算他作惡多端、前科累累，也會牽涉到父母、小孩、配偶等照顧問題，這對於社會而言，都是很大的負擔。看待他人案件的時候，我們好像都能既「客觀」又「理性」的思考，但若是同樣的事情發生在自己認識或親近的人身上的時候，我們是否也能快速又公平地做出判斷呢？

法律白話文小學堂

❶ 刑法第 23 條 正當防衛

對於現在不法之侵害,而出於防衛自己或他人權利之行為,不罰。但防衛行為過當者,得減輕或免除其刑。

法律白話文

正當防衛是指正在被侵害下的防衛,如果攻擊者的行動已經結束,你卻氣憤追上去打,就不是正當防衛,而是報復了,有可能會成立傷害罪喔!

❷ 刑法第 276 條 第一項 過失致死罪

因過失致人於死者,處五年以下有期徒刑、拘役或五十萬元以下罰金。

法律白話文

在沒有殺人意圖下,因疏忽、違反保護他人的法律或規則、或粗心大意而引致他人死亡。

什麼是正當防衛？怎樣才算是正當？

正當防衛 VS. 緊急避難

本章的張家豪因過失致死而被法官判了刑，或許讀者會想，那正當防衛又該如何判定呢？以及在什麼樣的情況下才不會「過當防衛」？以及不同情況下的「萬不得已」所引發的行為，在法律上還有什麼樣的情況呢？

正當防衛

當今天某個人所造成權益的損害，是為了避免他人違法行為，造成自己或其他人當下將受到權益侵害時，就可以主張「正當防衛」。舉例而言，A 拿刀要砍你，你奮力抵抗給他一個過肩摔，造成 A 摔倒，手腳多處受挫傷。你所做出的「過肩摔」行為的確侵害了 A 的身體健康權，但是你造成他身體健康權的損害是為了避免 A 當下拿刀砍你的這個違法行為所造成的，依照「正當防衛」，你的這個過肩摔的攻擊行為，便可以一筆勾銷。

緊急避難

在法律上還有另一個名詞叫做「緊急避難」，也就是當你今天所造成的權益損害，是因為當下情況是萬不得已的時候，你便可以主張「緊急避難」。

舉例來說，今天你和 B 一起去花蓮玩耍，忽然有大落石從山坡上滾下，你為了避免 B 被落石擊中，將 B 奮力一推往山壁推去，避開落石。沒想到你用力過猛，造成 B 的右手臂骨折。今天你造成 B 的身體健康之損害，是為了避免 B 被落石擊中的這個緊急情況所造成的，此時可以主張你的行為是「緊急避難」，你所造成的損害便可一筆勾銷。

> 當符合這兩種情況的時候，原本應該被評價成違法侵害別人權利的行為，就會如橡皮擦擦過的鉛筆筆跡，被一筆勾銷，不會被評價成違法行為。

如果行為太 over ？

然而，如果今天某人的行為太過 Over，或是情況已經沒有那麼緊急了，他卻還是繼續實施原本為了避免違法或緊急情況的行為，就不屬於「正當防衛」或是「緊急避難」的範疇，而是屬於「過當防衛」或「過當避難」了。

過當防衛

　　舉例而言，如果今天有一個瘦弱的老人，朝一個 185 公分的男子揮拳，男子為了避免受傷，他選擇拿起旁邊的玻璃酒瓶朝老人的頭砸下去，而非擋下老人或抓住老人的手，這便是所謂的「過當防衛」。在身量的差距之下，這個 185 公分的男子拿酒瓶往老人砸下，是很有可能造成老人嚴重受傷甚至死亡，這便是屬於過當防衛的範疇。

> 上述老人若是一位武林高手，而非瘦弱老人，為了避免自己被打中傷，或許拿酒瓶作為防衛，便可能是屬於「正當防衛」的範圍。

避難過當

那什麼又是「避難過當」呢？想像一下，一艘大船撞到冰山要沉船了，這時傑克、瑪莉和許多船員都要爭奪最後的兩個船位，傑克為了保護自己跟瑪莉，便推開其他船員上船離開。此時，在面臨沉船這種緊急狀況，推開船員的行為便屬於避難行為，但是為此犧牲其他人的性命，便是屬於「避難過當」。

另舉一例，在大地震過後，各處房屋倒塌傾斜，且餘震不斷。阿芳為了要避免他放在屋內的保險箱中的巨額財物，因房屋倒塌消失，恣意地挖開地震現場，結果反而造成鄰居的財物掉落坑洞被掩埋消失，更甚至造成救災人員的傷亡，此時阿芳的行為便屬於「避難過當」的範疇。

「正當防衛」的由來

過去有很多地方尚未形成國家，或者國家的力量沒辦法介入，個人為了要保護自己的安全和權利，只好靠自己的武力去捍衛，這樣的捍衛其實就是所謂的「以暴制暴」。

當現代國家逐漸形成後，國家把每個人可以對彼此使用暴力的權力都收了過來，不再允許人們可以私自使用武力報仇，而國家成了唯一可以正當使用暴力的單位。因此，也只有國家可以執

行法律與正義，也可以抓人、關人、扣押財產、槍斃罪犯。

上述所舉的例子，以及張家豪的案例，暫且不考慮原因，其實都做了一個「傷害對方的行為」，也是「私人」的暴力行為。

然而國家的力量有限，一般來說，除非是極權國家，否則國家沒辦法派警察駐守在每一個人家中，或常常在每個人身邊幫人民捍衛權利。於是，當人民的安全和權利即將受到侵害，生命或身體的損害迫在眉睫時，國家只好允許私人基於保護自己而對別人使用暴力，或犧牲別人的利益，這也是大家耳熟能詳的「正當防衛」以及「緊急避難」。

兩者的不同之處在於，因為正當防衛的對象有先實施一個非法的行為，所以不用考量自己所實施的暴力行為是否是最後（不得已）的手段。

正當與過當的差距,在哪裡?

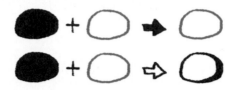

　　抽象來說,侵害他人權益的行為是那個黑色的圈圈,而正當
防衛與緊急避難就像白色圈圈,當防衛與避難行為沒有過當時,
就可以一筆勾銷,防衛的人在法律上還是像一張白紙不算違法。
然而,如果行為太 OVER 了,防衛與避難的行為不能蓋過原本
對於他人的權益侵害行為,便留下的黑色陰影,法院仍需針對
「OVER 的部分」繼續評價。

正當防衛的界線

　　在非常急迫的情況,國家才會允許私人「有限度」地使用暴
力,且認定這樣的行為是「合法的暴力行為」。

　　為避免大家濫用「正當防衛」跟「緊急避難」,所以不管是
「正當防衛」或「緊急避難」的適用,都限縮在當下非常緊急而
且手段不能過當,而是否過當則需要依照當下的情境去判斷。

客觀判定：時間點與當下的狀況

　　法官在判斷某人所實施的防衛行為或避難行為是否過當，並非是死板的認定，而是必須依憑事證所顯示的當時客觀情況來判斷。

　　不管是上述例子或是張家豪這個案例，法官往往都受到事後被告造成的結果（如死亡或重傷）影響，而認為當下所採取的防衛行為逾越限度，而不是基於被告當下所面臨的危難情況，甚至因為過當的結果，反過來要求被告要考慮當時是否已經實施侵害最小的手段。

　　這幾年台灣剛好有也有一個類似的案例。一對夫妻回家後發現家裡有小偷，然後老公就徒手把小偷幹掉。本案經判決結果法官也是認為防衛過當，認定過失致死。法官的判決是第一審判了三個月、二審判兩個月，而且都可以緩刑。

概念2

法律上的過失是什麼？

過失與故意

在法律上，故意和過失是互相排斥的主觀心態。也就是說，如果一個人故意（做某事）就不會是過失，一個人因過失（做了某事）就不會是故意。在本章張家豪的案件中，他被法官判了「過失致死」，也就代表張家豪並非「故意」要殺死阿星。

那在法律上，過失與故意又各分為兩種。過失分為「無認識過失」與「有認識過失」；故意則分為「間接故意」與「直接故意」，以下我們就用實際的例子來讓大家理解這四種不同的情況。

直接故意

所謂的故意按照刑法第 13 條包含了兩種類型，第一種的法條文字是「行為人對於構成犯罪之事實，明知並有意使其發生者，為故意」，也就是行為人明知道這麼做會造成怎樣的結果還是這樣去做。例如本章的張家豪，有意識、且明知道繼續用力掐阿星的脖子會讓他死亡，他還是奮力掐住阿星的脖子硬是讓他無法呼吸，這就是所謂的「直接故意」。舉另一個例子：譬如我開著車、

前面有一個人背對著我，我知道踩油門往前一撞他會掛掉，我還是猛踩油門，因為我就是要讓他死。在法律上，這樣的行為就是所謂的「直接故意」。

第二種類型則屬「行為人對於構成犯罪之事實，預見其發生而其發生並不違背其本意者，以故意論」。用前面開車的例子來說，我前面有一個人背對著我，我踩油門往車子往前衝，我很可能會撞到他，他也可能會閃過去，但是我覺得就算撞到他也沒差。此時駕駛人是主觀上屬於一個「無所謂啦～」或「不要緊」的心態，就是典型的「間接故意」。

無認識過失

那麼過失呢？過失在法條的規範中也可以分成兩種類型，第一種是「行為人雖非故意，但按其情節應注意，並能注意，而不注意者，為過失」，也就是行為人對於事情的結果不是「故意」也不是「無所謂」的心態，而是因為疏忽、輕忽造成結果的發生。

例如一對情侶在汽車上，男女雙方講一講便吵了起來，在駕駛座的男生沒有專心開車，反而是認真地和坐在副駕的女生吵架，結果發生了車禍。男生駕駛不是要故意造成車禍，但是駕駛人理論上應該眼望前方注意車前狀況、雙手握好方向盤、注意車前狀況，在不是天邊飛來落石或是視線上力有未逮的狀況下造成

車禍時，此時駕駛的心態上便屬於過失。

　　本章的張家豪便比較屬於「無認識過失」，張家豪其實應該可以注意到阿星當時已經「無力反抗」，且手上的刀已經滑落他的手，張家豪能夠注意到這些關鍵條件，卻沒有注意，才失手殺了阿星，屬於無認識過失。

有認識過失

　　過失的第二種類型規定在刑法第 14 條第 2 項「行為人對於構成犯罪之事實，雖預見其能發生而確信其不發生者，以過失論」，學理上稱之為「有認識過失」。也就是說，行為人主觀上雖然覺得可能會發生不幸的結果，但心裡卻不停地出現「不會啦！」的獨白。

　　例如，貨車司機在路過斑馬線時不論是紅燈、綠燈、閃黃燈理應減速，因為司機應該可以預見行人會走斑馬線，而斑馬線常常會有人冒出來的可能，但因司機確信不會有路人在行人號誌是紅燈時還怒奔而過，所以抱持著一個「不會啦、不會啦」的心態而沒有減速，此時司機的心態就屬於上述的有認識過失。

　　本章的張家豪，如果有注意到阿星當時已經「無力反抗」，且手上的刀已經滑落他的手，而且呼吸困難，但卻認為阿星不會因為這樣就死亡時，便比較屬於「有認識過失」的情況。

不要再說「過失殺人了！」

在新聞媒體報導中，常常會聽到「過失殺人」這個詞，但是其實在法律上並沒有「過失殺人」這個概念！上述比較了法律上的「過失」與「故意」，你是否有覺得「過失殺人」這個詞彙顯得非常矛盾呢？

在客觀的角度上，結果都是一具冰冷的屍體，似乎沒有什麼不同，但是在刑法主觀的論理評價，是有很大的差異喔！

如果這個殺人的人，是如張家豪一般，他沒有想殺掉阿星的「故意」，而是因為疏忽的結果導致阿星的死亡，在法律上的名稱叫做「過失致死」。

那有「殺人罪」嗎？當然有的，在刑法裡面也有明訂的殺人罪。且大部分的時候，一般約定成俗的看法，「殺人」通常都隱含有「故意」的意思。報章雜誌與媒體，以及我們日常生活中所誤用的「過失殺人」這個詞，到底是過失？還是故意？就犯罪行為人的主觀心態上往往只能擇其一，因此「過失殺人」就語意及罪責的本質，是有相互矛盾的衝突。

酒駕：過失與故意最常拿來討論的例子

提到酒駕，總是讓人想起那些令人心碎的例子。我們想辦法要杜絕，卻也難以避免，也有人高聲疾呼「酒駕入罪化」。但是，從警政署所提供的 2008 年到 2010 年間的肇事原因統計分析，我們都可以清楚發現除了酒醉駕車以外，未注意車前狀況也處於一個居高不下肇事原因，若按照當初酒醉駕車入罪的邏輯，為了有效避免生命因未注意車前狀況消逝以及讓駕駛有效警惕車前狀況，在統計數據可支持未注意車前狀況是肇事原因的大宗下，我們何以沒有「未注意車前狀況入罪化」的聲音呢？

酒駕，便是在討論「過失」與「故意」時，最常拿出來的例子。

酒醉駕車跟未注意車前狀況和疲勞駕駛差在哪？

觀察駕駛人的心態，於刑法中依行為人基於故意、過失的不同，即便造成相同的結果（例如意外造成人員死亡），也會有不同的刑度。透過上述「過失」與「故意」的探討與比較，我們可以知道，不論是酒醉駕車或是疲勞駕駛者，其實多半抱持著「不會啦～」的輕率心理，但是這樣的「不會啦～」卻往往造成悲劇的發生。

我們想要繼續追問的是，為什麼對於一樣「不會啦～」的這種輕率態度，我們在立法上會給予不同的苛責罪刑？甚至不管故

意或過失，只要酒測值超過刑法規定的標準就會成立公共危險罪（一般過失致死依刑法第 276 條：兩年以下；酒醉駕車致死：三年以上、十年以下）？

若此時再將肇事機率與數據放入思考，未注意車前狀況的輕率駕車行為所造成的失事機率是否也不低呢？

酒駕，是一定要杜絕的！

這裡的討論，只是為了讓讀者可以更認識關於「過失」與「故意」在不同情形下會發生的狀況，亦並非要否定酒駕入法規的必要。且酒醉駕車者上路的輕率態度的確較一般過失犯有處罰上的正當性（相較於一般的未注意車前狀況是上路後的輕忽，酒駕多為上路前的輕率，更有不少過失的機會），但是入法規範跟怎麼規範以及現行法規範是否妥當實屬不同層次的問題。

只是希望在近年來許多重大案件發生後，呼籲重刑化的洪流中，我們希望帶來多一點反思，期許在每次有重大酒駕新聞時，除了膝反射的加重刑罰外，可以加強其他有效的抑制方式諸如公眾運輸的普及化（特別是北、高以外的城市）、代理駕駛的推廣、加裝酒測汽車點火鎖、加強警察取締等，或許有更多的配套措施後，更能夠配合現行法規，杜絕大家都不樂見的憾事發生的機率（但現實上也要考量警力有限的現實）。

看影片也可以輕鬆學法律！
本章內容影片 QR Code

2 兩情相悅變性侵？
沉默不代表我同意？

兩情相悅變性侵？
沉默不代表我同意？

◢ 事件主角

A女

王店長

◀ **事件時間**

民國 104 年 6 月 4 日

◀ **事件地點**

新北市某汽車旅館

◀ **事件概要**

民國 104 年 6 月，新北市一家餐廳的王姓店長，好心幫
準備離職的員工 A 女約吃飯辦歡送會，聚餐結束後兩人
意猶未盡，繼續約去 KTV 唱歌喝酒，最後兩個人到汽車
旅館發生了關係。

〔你以為的不是我以為的〕

孤男寡女乾柴烈火

民國 104 年 6 月，新北市一家餐廳的王姓店長，幫準備離職的員工 A 女約吃飯辦歡送會，聚餐結束後兩人意猶未盡，其他參與的成員都說沒空，於是王店長與 A 女便前往 KTV 唱歌續攤，唱歌的時候兩個人酒酣耳熱，紅酒、香檳、啤酒什麼都吞入腹中。A 女那天穿著火辣，趁著酒酣耳熱之際，王店長便邀約 A 女更進一步，前去汽車旅館。

我看她迷迷糊糊地說好，我就覺得是好了！

王店長表示：「聚會那天 A 女穿著真理褲、網襪，前面唱歌的感覺不錯，我想可以更進一步，我們也都喝多了，我決定就近找旅館先休息一下。我問她，她也立刻就點頭答應啦！我覺得她就是要跟我睡。我脫她衣服的時候，她雖然有推辭，說很累啊想休息什麼的，但真的再進一步的時候，她就沒有拒絕了啊！那種推來推去，不就是男女之間的情趣嗎？做愛的過程中她也沒有呈現睡死的狀態，如果我今天真的有強迫她怎樣的話，那她身上怎麼會一點傷都沒有？重點是我們休息出來後，她也沒跟旅館的人求救！我跟她之間真的是你情我願。」

我的穿著，我的醉酒，都不等於予取予求！

A 女深深地呼吸後，娓娓道來：「那一天歡送會結束後，店長說要再去唱歌，但是其他人隔天都有班不能去，我想說店長特別幫我辦了歡送會，平常也很照顧我，連我都拒絕，對他好像有點不好意思，想了想之後就答應前往。畢竟之前我們也會約出去吃飯，單獨去唱歌應該也還好吧。」

A 女接著說：「那晚算玩得滿開心的，我一直把店長當好朋友，所以沒有什麼戒心。他一直叫酒來喝，我就陪喝啊！但是我現在超級後悔，覺得自己那天不應該喝那麼多、喝那麼醉。離開

KTV 的時候我真的很醉，頭超暈，走路都有點歪歪斜斜了。我記得店長那時候有問我要不要在附近找地方休息，因為我真的很不舒服，所以就答應他了。但是，這真的不代表我想要跟他怎樣好嗎？一進房間我就說我要睡了，沒想到躺下去沒多久，就昏沉沉地感覺到店長在摸我胸部！我用手揮開，叫他不要碰我，但他沒理我，竟然還開始脫我衣服！我死命想要抵抗，但實在醉到身體動不了，我還試著翻身躲到床的最旁邊，想跟他保持距離，但是他又把我拉回去，最後就是在這樣的情況下，被他得逞了。」

愛要耐心等待，
做愛要雙方期待。

沒有馬上報警求救就等於什麼事都沒發生嗎？

　　事情發生之後，Ａ女並沒有立刻報警。Ａ女解釋當下的感覺很複雜，一來是當天早上醒來的時候，她都還昏昏沉沉，以為前一天晚上發生的事情是一場夢，但是等到意識愈來愈清醒之後，她才知道自己真的是被店長強暴了！離開汽車旅館的時候，Ａ女表示她也不知道是否該求救，腦中一片混亂。

A 女也憤怒地表示：「回家以後，我傳了簡訊問店長為什麼要強暴我？他先是跟我說對不起，還說如果我不舒服，願意包紅包給我。他說到這邊的時候我理智線就斷了，我把他當朋友，他把我當什麼？我今天如果沒有告他，他是不是以後都會認為性侵他人都可以很好解決？我跟朋友討論之後，決定對他提告。」

自以為是的風花雪月，會讓你風雲變色！

新聞曝光後，許多網友紛紛為店長叫屈，認為「案情不單純」、「台女每個都不當下說清楚」、「等愈想愈不對勁後才提告」。

從 A 女的說法來看，她因為酒醉不舒服，所以沒有拒絕要去汽車旅館休息，但她從頭到尾都沒有同意要和店長發生性關係，在店長強行下手時也有拒絕。不過對店長來說，他卻認為 A 女根本沒有明確拒絕，她的舉動只是男女間的床笫情趣。

究竟王店長的行為到底算是你情我願，還是乘人之危？

◀ 案件判決結果

法官認定王店長涉及性侵，犯下**乘機性交罪，判處三年六個月有期徒刑。**

◀ 判決理由

法官在判決時，必須考量到被告王店長是否違反 A 女的意願，從雙方證詞、相關監視器畫面、驗傷報告、被害人事後的反應……等等，認為店長是趁 A 女酒醉不能抗拒之下乘機性交，所以判處有期徒刑三年六個月。

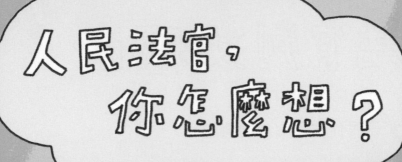

A 女同意和店長去汽車旅館,應該早就預期會有性行為發生,店長是無辜的,無罪。

店長趁 A 女酒醉時性交,應該判他乘機性交,有罪。

[B]

法官判決理由

❶ 妨害性自主案件的難題

　　面對強暴、乘機性交、利用權勢性交等性犯罪，經常都會遇到舉證困難的問題，畢竟事發的時候往往只有兩個人在現場。所以我們除了雙方證詞以外，還需要綜合其他間接證據和情況證據。

❷ 各說各話的這個時候，法官應該如何判斷？

　　在這個案件中，他們兩人都承認喝了大量的酒。但是，店長一方面提到兩個人當時都喝多了，一方面卻又說 A 女是在清醒意識下，你情我願地發生性關係。店長的這個說法明顯有其矛盾之處。再說，汽車旅館的監視器也有拍到店長是攙扶著 A 女進房間，可見 A 女當時確實是處於酒醉的狀態。

　　其次，被性侵是關乎個人名譽的事，一般情況下 A 女若無特殊原因不會故意去說這些。而至於店長所說的「仙人跳」，除了被害人的證詞之外，也需要從相關的事證來加以判斷。包括其他朋友的證詞，以及被害人在事件發生後的情緒反

應……等等，特別是從店長事後傳的簡訊來判斷，如果真的是仙人跳，他向 A 女道歉的內容與語氣應該會不一樣，也不會主動說要包紅包給 A 女。

❶ 自以為是的風流倜儻，是他人的一生傷害

綜合以上，王店長的行為有別於他所陳述的，法官判斷應構成乘機性交罪，判處店長有期徒刑三年六個月。

法律與反思

半推半就不是心甘情願

在交往的過程中免不了有曖昧的時刻，然而縱使兩人打得火熱，也斷不可利用對方對此不明就理、腦袋無法清楚判斷、權力不對等、不具有完整的自由意志之時，而與對方發生性關係。畢竟這些「半推半就」下才發生的性關係，就不是「你情我願」的關係。

沒有人是上帝，有罪無罪都是難題

除了上帝，沒有人得以用「上帝視角」觀看整件事情。法院所獲悉的真實往往是拼湊得來的，所有參與訴訟過程的人，也都僅能透過事後的證據去拼湊當時發生了什麼事——而這也正是妨害性自主罪的難題。法院在個案中總是得在「被告被誣告的疑慮」與「被害者的正義申張」中抉擇，作為第三人，在得知這樣的事件之後，也許冷靜面對這一切才是上上之策。

法律白話文小學堂

● 刑法第 221 條 強制性交罪

對於男女以強暴、脅迫、恐嚇、催眠術或其他違反其意願之
方法而為性交者，處三年以上十年以下有期徒刑。

法律白話文

除了條文所列舉的強暴、脅迫、恐嚇、催眠術等方法，
只要一切妨害被害人的意思自由，或是所使用的方法違
反被害人的意願，並且足以壓抑被害人的性自主決定
權，就足以構成強制性交罪。

● 刑法第 225 條 乘機性交罪

對於男女利用其精神、身體障礙、心智缺陷或其他相類之情
形，不能或不知抗拒而為性交者，處三年以上十年以下有期
徒刑。

法律白話文

法條所說的「不知或不能抗拒」指的是，利用被害人因
為身心障礙、身心缺陷等情況，而無法表達是否願意進
行性行為，抑或是因為法條所說的身心障礙等情況，而
處於無法抗拒的狀態。

什麼是性自主權？

什麼是法律所要保障的性自主權呢？

　　説起性自主，腦中可能出現的概念就只有「同意」發生性關係，這導致一般人語境中的「強姦」，就只有以暴力或威嚇手段的方式進行，才算是所謂的強姦和性暴力。然而，性自主權的保障絕對不僅止於此。所謂的性自主權包含「選擇權」、「拒絕權」、「承諾權」、「自衛權」四種內容。[1]

每個人都可以選擇要跟誰還有如何發生性關係，並且拒絕來自任何人發生性關係的要求！

　　選擇權是指任何人都享有「是否進行」以及「選擇如何進行」性行為的權利。簡單來説，今天你想跟誰做愛，以及要如何做愛的步驟的權利。**拒絕權**則是可以無須任何理由，拒絕對於他人的性要求，不管該性愛的要求是出於善意的（如男女朋友或夫妻之間的求歡），或是出於惡意的（如騷擾等舉動），當事人都可以拒絕。**自衛權**則是指任何人對他人的性侵害皆有防衛的權利。

每個人都享有性自主權，但不是每個人都有完整的承諾權

承諾權的意思是，任何有「承諾能力」的人，對於他人提出的性要求，有不受干涉且可以完全按照自己的意願作出是否同意的意願。舉例來說，假如 A 女雖然同意與王店長發生性關係，但是 A 女事實上已經爛醉如泥了，抑或是她根本未滿 16 歲（在法律中，未成年人屬於同意能力尚不健全的人），這些都不算是有承諾能力的人。上述兩種情況，即便 A 女願意發生性關係，也不算完全出於自己意願的同意。

概念 2

刑法如何保障性自主權？

什麼是性交、猥褻、乘人不備觸摸？

刑法上對於妨害性自主權區分為「性交」與「猥褻」兩種不同的程度。另外還有一個相對「猥褻」程度更低的，則是「乘人不備觸摸」。如何定義這三種不同情況的妨害性自主權呢？我們以下舉例詳述，讓讀者能更了解。

性交

所謂「性交」，在法律上的定義是指「非基於正當目的，以性器進入他人的性器、肛門或口腔，或使之接合的行為；或以性器以外之其他身體部位或器物進入他人之性器、肛門，或使之接合之行為」。

從法律條文來看，要判斷一個行為到底是不是性交行為，除了該行為符合以上的「進入、使之接合」的情況以外，也要判斷是否是基於正當目的。例如婦產科醫生的診療行為，就是典型的「正當目的」，便不會構成刑法所規範的性交。

若是上述定義對讀者還是有些抽象，這邊再舉另一個更具體

的例子。某 A 若把按摩棒放入某 Y 的嘴巴中，即便這是一個充滿性暗示的行為，但是將屬於性器以外之物的「按摩棒」放入口腔中，並非刑法中所定義的性交行為。

猥褻

猥褻則是泛指除了性交以外，在客觀上足以引誘起他人的性慾，或在主觀上足以滿足自己性慾的行為。舉例而言，像是加害者強迫被害者搓揉其陰莖（俗稱打手槍），或是刻意揉捏被害人胸部或臀部、甚至大腿達數十秒以上，在我國法院都曾經被認定屬於猥褻行為。另外也有案例是加害者搓揉被害者膝蓋上方大腿部分，被判定為猥褻。[2]

乘人不備觸摸

而相較猥褻更低度的行為，則是性騷擾防治法第 25 條規定的「乘人不備觸摸」。「乘人不備觸摸」指的是對被害人的身體有偷襲式、短暫性、性暗示的不當觸摸，而且含有調戲意味，且使他人有不舒服的感覺。但是從強度來說，該行為還沒有達到猥褻，或者足以引起他人或滿足性慾的程度。如果用輕小說的劇情來想像，猥褻比較像是愛撫，而趁別人不注意偷觸碰他人的臀部、胸部或其他身體隱私部位的行為，就屬於「乘人不備觸摸」的範疇。

妨害性自主的型態

　　一般大眾對「性侵犯」的印象，不外乎是「你不情我不願」的「強制類型」，也就是台灣刑法中第 221 條、第 224 條中所規範的：「對於男女以強暴、脅迫、恐嚇、催眠術或其他違反其意願的方法，而為性交或猥褻」。除了法條中明確指出的強暴、脅迫、恐嚇、催眠，哪些行為才算是「其他違反其意願的方法」呢？是否一定要類似於條文中所提到的強暴、脅迫、恐嚇、催眠術這些手段，才算是「其他違反其意願的方法」？

　　在以前法院的判決中曾因此條文引發歧異，後來最高法院決議該法條所列舉的強暴、脅迫、恐嚇、催眠術以外的方式，只要任何違反被害人意願的方法，都可以算是「違反意願」。

　　違反意願的程度，並不需要類似於法條中所列舉的強暴、脅迫、恐嚇、催眠術等相當程度的其他強制方法。只要是「足以壓抑被害人的性自主決定權」，就達到妨害被害人的意願，也就符合法條中「違反其意願」的必要條件。

　　如果有一些其他的情況，導致被害人受到更嚴重的傷害時，在立法上也會給予更重的刑事責任。例如，攜帶兇器犯妨害性自主的行為，可能會造成被害人身體額外的傷害，就會加重刑責。

　　除了「強制類型」，刑法中還有另外幾種利用被害人的

年齡、心智或是權勢上的弱勢加害類型。例如，本章案例中的王店長，利用被害者已經酒醉並對 A 女做出妨害性自主的行為，就是利用 A 女「不知或不能抗拒」的情況。另外，與未滿十四歲的男女或十四歲以上未滿十六歲男女發生性行為，即便雙方看起來好像是「你情我願」，但因為這些未滿十六歲的男女並沒有足夠的同意能力，這也屬於妨害性自主的行為。

　　利用權勢進行性交，也屬於妨害性自主行為的範疇。因為加害行為人與被害人之間具有親屬、監護等其他類似的關係，進而利用該權勢或機會進行性交。在這種類型中的性交行為，被害人雖然同意，但這個同意無非是礙於某程度的「服從關係」而屈從，性自主的意願仍受一定程度的壓抑。假設本章中的王店長利用他身為雇主身分，要求 A 女跟他發生性關係，否則要將 A 女解雇，這種行為就屬於利用「權勢」性交。

從妨害風化到妨害性主

在台灣，妨害性自主罪一直到 1993 年修法以前，關於性暴力犯罪的規範一直都是跟「妨害風化罪」放在一起的。**在舊刑法的第 221 條第 1 項規定：「對於婦女以強暴、脅迫、藥劑、催眠術或他法 ，至使不能抗拒而姦淫之者，為強姦罪」，該條法律在以前是屬於「道德犯」的概念。一直到該次修法，才修改名稱為「妨害性自主罪」，並將法條內容修改為：「對於男女以強暴、脅迫、恐嚇、催眠術或其他違反其意願之方法而為性交者，處三年以上十年以下有期徒刑。」**該次修法的內容，主要在彰顯條文規範對於自由權、身體不可侵犯權及性自尊侵害的捍衛。不只是刑法中罪章體例的調整，這次的修法也將性交明確定義，取代原本的姦淫。

此外，該次修法也將強制性交罪中「致使被害人不能抗拒」的條件刪除。雖然當時最高法院的司法實務見解就曾表示，強制性交罪所使用的強暴脅迫手段，只要有壓抑被害人的抗拒，讓被害人喪失意思自由就夠了，就算被害人實際上沒有抗拒行為，還是構成強制性交罪。條文修改時，也為了杜絕這樣過於嚴苛的條件，產生「被害人必須冒著生命危險，奮勇強力抵抗侵害之一方，加害人才會構成犯罪」的相關爭論，也一併做了修正。同時，也將原規定中的「他法」，修改成「其他違反其意志之方法」，表示任何違反被害人自由意志的性交行為，都會成立本罪。

概念3

妨害性自主罪中雙方各說各話和難以證明，法官都是如何取捨的呢？

公說公有理，婆說婆有理

大部分的性交行為都是在隱密的環境中進行，所以性交行為究竟是出於合意或違反意願，一旦發生爭執，雙方立場相反，很容易淪為各說各話的情況。在案件審理時，典型的陌生人性侵害案件，證據的調查是相對單純、容易解決。然而，對於熟人（如婚姻中的配偶、男友、前夫、同居人、外遇情人）被控訴性侵害事件（學理上歸類稱為「約會強暴」或「非典型強暴」者），就須要考量諸多背景與問題。以下列舉法官在判決上會考量的情況：[3]

1. 雙方熟識程度、年齡差距、教育水平、健康狀態、精神狀況、平日互動情形（包含性關係與模式）。

2. 是否有出於好奇、金錢、諂媚、誘惑、討好、歡悅、刺激、報復等性交的動機。

3. 所採手段之合理性（包含中途變卦卻欲罷不能、撕衣、咬傷、痛毆、相關照片顯示的表情）。

4. 事情發生的時間、地點是否符合一般社會經驗。

5. 事情發生之後雙方關係的變化。

6. 報案背景是出於主動或被動、遭慫恿或須對他人有所交代。

7. 對立的雙方，是否配合測謊鑑定或排斥以及對測謊結果的反應。

　　性侵案在判決的時候往往會有不同的狀況以及爭議，也並非上述的每個情況都該納入考量。法官也須依照每個個案不同的情況，採取不同的裁量基礎，並依照一般的社會經驗以及自身的經驗法則、理論依據、邏輯推理等方式，來綜合判斷以及考量。在台灣的性侵案件中，尚有其他最高法院的判決，有法官曾提到不應該以被害者是否有掙扎或抗拒、不可因被害人事後是否產生心理創傷、以及是否在事發後立即報案等作為裁量基準。[4]

概念4

妨害性自主罪的被告，被判刑後的日子

涉及性犯罪的被告在被判刑入獄後，會先評估是需要進行輔導教育或是身心治療，這就是所謂的「刑中強制治療」。該性犯罪在出獄前夕若經鑑定、評估，認為被告有再犯的危險，且有必要強制治療時，監獄應該在刑期屆滿前四個月，將收容人應接受強制治療的鑑定、評估報告等相關資料，送請檢察官。檢察官最慢要在收容人刑期屆滿前兩個月，就必須向法院聲請加害人出監後強制治療的宣告。

法官會參考收容人強制治療評估小組會議的結論，如果評估小組認為有高再犯危險，認為無法通過收容人的身心治療評估結果，法官便會要求服完刑的性侵加害人進行強制治療，且要治療到該性侵加害人的再犯危險有明顯降低為止。

加害人強制治療的期間，應該每年鑑定與評估是否有停止治療的必要。目前台灣有在針對性侵加害人強制治療的唯一處所，就是位於台中監獄附設的培德醫院。而所謂的「刑後強制治療」，也就是在加害人服刑完畢後，還是必須以拘束人身自由的方式進行治療。

至於沒有判刑入獄（例如，涉及較輕的性犯罪、或因為與被害人達成和解，而被判緩刑的人）或者已經服刑完畢、經過法院裁定停止強制治療者，則會進入「社區處遇」。「社區處遇」的意思是，性侵犯在保護管束期間，觀護人可以約談以及訪視。必要時可以請警察機關定期或不定期查訪，若有使用毒品的嫌疑也可以要求驗尿。如果受處遇人居無定所、有在特定時間犯罪的習性、有固定的犯罪模式，觀護人也可以在經過檢察官同意後，要求居住在特定住所，且在監控時段內，未經允許不可外出，或是禁止接近特定場所或對象、實施電子監控。

概念 5
當真的遇到不幸的時候，該怎麼辦？

　　法律的規範就只是規範，性侵被害人遇害的當下，切記保護自己身體的重要部位、大聲呼救或趕快到人多、安全的地方。到了安全的地方後，為了確保後續的訴訟程序順利，驗傷以及證據保存（包括身體、衣物與物品）都相當重要，在現實社會中妨害性自主的加害人大都不會是陌生人，所以如何冷靜地讓自己安全並且保存證據，對於後續訴訟會有決定性的影響。

一旦進入醫院檢傷的過程中，因為《性侵害防治法》第 8 條賦予相關醫療機構及專業人士的通報義務，案件就會進入刑事程序中，在這個階段社工師就可以介入協助被害者，包括陪同就醫以及陪同製作筆錄。在整個偵審過程中，被害人取證與審理過程都是保密的，媒體若直接揭露被害人身分或讓大家猜得到是誰，主管機關可以向媒體處以罰鍰。

　　在司法程序中，被害人需要面對偵查及審判過程中可能至少 3 到 4 次的訊問或交互詰問，這些過程是為了確認犯罪事實，而程序中為了避免被害人的二度傷害，偵查機關會盡量減少讓被害人重覆陳述，在法院中也會透過隔離法庭，避免被害人與被告面對面接觸。另外，在訴訟過程中被害人除了有社工在場陪同外，如果需要醫療、心理復健或律師費用，均可向主管機關申請補助。

---

[1] 最高法院 107 年度台上字第 3348 號刑事判決。
[2] 臺灣高等法院高雄分院 104 年度侵上訴字第 8 號刑事判決。
[3] 最高法院 104 年度台上字第 1066 號刑事判決參照。
[4] 最高法院 104 年度台上字第 3857 號刑事判決。

看影片也可以輕鬆學法律！
本章內容影片 QR Code

3 改編商標開玩笑可以嗎？

事件

改編商標開玩笑可以嗎？

◢ 事件主角

知名網紅 小雷

96物理教室發言人 阿華

民國 109 年 2 月 29 日

宜蘭市某高空彈跳勝地

◢事件概要

民國 109 年二月底，有百萬粉絲的知名網紅小雷，在她的 YouTube 頻道「工作不宜」上傳了一段影片：〈69 物理教授〉，影片內容是她穿著清涼的比基尼挑戰高空彈跳，並宣稱要教導觀眾「地心引力」的概念。沒想到影片才推出一週，便收到國內知名理工科線上教學公司：「96 物理教室」發出的存證信函，指出小雷的影片使用了他們的商標，嚴重侵犯他們的商標權，限他五天內移除，否則將提告究責。

〔戲謔與侵權，傻傻分不清楚〕

網紅特有風格的創意影片

知名網紅小雷，是個有百萬粉絲的當紅 YouTuber，頻道的風格一向以無厘頭且辛辣的作品著稱，她經營的 YouTuber 頻道「工作不宜」廣受到年輕族群的喜愛。日前她上傳了一段影片〈69 物理教授〉，內容是她穿著清涼的比基尼，前往宜蘭挑戰高空彈跳，透過影片向觀眾介紹「地心引力」的邏輯。

教育工作團隊震怒：「無聊當有趣」

在〈69 物理教授〉影片發布一週之後，小雷便在自己的社群上開直播，指稱她收到國內知名理工科線上教學公司「96 物理教室」發出的存證信函。存證信函中聲稱，小雷在影片節目名稱中使用了他們的商標，且導致購買課程的客戶混淆誤認，甚至有客戶來電痛罵公司出產不正經的內容，已經嚴重侵犯他們的商標權。「96 物理教室」也限小雷五天內移除影片，否則將提告究責。

「96 物理教室」的發言人也大動作召開記者會，表明公司認為小雷已經踩到公司的底線，這種嚴重侵害並減損公司商標權的行為，必須被有效制止。他們希望讓大家知道惡搞或翻玩還是要有界線，不是網紅開心就可以。

在記者會中,「96 物理教室」的發言人表示,他們在教育界辛苦耕耘多年,公司名稱和商標家喻戶曉,一直兢兢業業,用嚴謹、認真的形象,讓家長、學生和客戶持續信任品牌,這背後要付出多少努力,才能體現在品牌的經營上。而如今,品牌的形象受到如此重創及羞辱,實在是令人痛心疾首。

究竟能否分辨品牌是侵權與否的關鍵

「96 物理教室」認為小雷所發布的〈69 物理教授〉這部影片,不但片名的字體和整體設計,都和公司的商標幾乎一模一樣,還變本加厲更換成不雅的諧音以及清涼裸露的服裝,讓許多有訂閱

課程的家長頻頻打電話抗議，指責「96物理教室」這家他們極為信賴的公司竟會拍這種「下流」的影片，意圖教壞大小朋友，實在是令人失望。顯然，由此可看出一般的群眾因為極為相似的字體及設計而有所誤認，足以證明已經超出開玩笑的範疇，是不折不扣的商標侵權。

此外，當大眾實際以「96物理教室」、「96物理」為關鍵字在Google上搜尋時，搜尋結果會出現小雷的這部戲謔影片。因此，「96物理教室」認為有足夠的理由，相信有許多「96物理教室」的觀眾會因為這樣而點進去觀看，增加小雷影片的點閱率，進而讓她獲得YouTube相關收益。

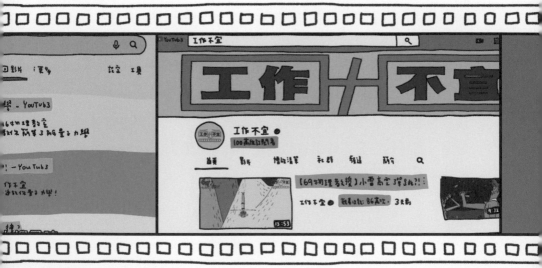

除了取得收益以外，「96物理教室」也收到許多家長的退課申請，並在線上課程平台和社群媒體中接二連三收到負面評價，指責團隊愧為人師。如此情況，顯然就是誤認小雷團隊的影片是「96物理教室」所拍攝的。在沒有任何合作關係的情況下，為了爭取曝光，不惜利用知名商標賺取自己利益，又傷害對方商譽的行為，實在不值得鼓勵。

網批：「創作自由不應該被打壓」

此記者會一出，網友們議論紛紛，有人認為「96物理教室」大動作的批評不合理，明眼人應該一眼就看得出來，〈69物理教授〉和「96物理教室」應是兩個不一樣的名詞，只不過就是常見的惡搞影片罷了，有必要因此提告嗎？有網友甚至表示，「96物理教室」大動作威脅小雷要提告的方式，實則是抹煞創作自由，還利用大公司的地位來欺負新興創作者。

也有許多網友舉出過往許多人將蘋果電腦或麥當勞的商標翻玩成各類圖示，例如雙面被啃咬的蘋果、變胖變粗的麥當勞……等等，這些知名公司難道有和這些小商家和網友們計較或是尋求司法途徑協助嗎？

創意與自由的展現，
戲謔仿作的精神？

創作自由應該受到保障

在記者會召開之後，小雷決定再次開直播表達自己的看法。她直言這次的影片的確是在模仿「96物理教室」的商標，但小雷認為她是故意要用幽默的方式，去揶揄大公司的商標。小雷表示，這種模仿方式在國外的網路文化中稱為戲謔仿作，且早已行之有年。

例如，在過去國外的案例，有把LV的商標改成狗玩具、在歌曲裡用芭比和肯尼當作男女主角……等等，這些都是國外法院判定合法的戲謔仿作行為。小雷也認為用這種戲謔、嘲諷的方式來創作、表達意見，是每個人的創作自由。如果今天法院禁止這種創作，那未來是不是所有人都不能發揮創意，諷刺那些掌握商標的大企業、大品牌了呢？

小雷認為她可以理解「96物理教室」會不開心，因為在惡搞他們商標的影片中，的確帶有些許的裸露及色情意味，他們會害怕破壞品牌形象。但「96物理教室」公司所有的影片，都是老師正正經經在黑板前上課，而小雷團隊的影片不過就是掛上69兩個字，難道真的會有觀眾如此不分青紅皂白，以為理化老師突然決定穿比基尼高空彈跳，來教導大家地心引力的原理嗎？小雷認為，她的影片根本不會有混淆誤認的問題。

③ 改編商標開玩笑可以嗎？

誰攀附誰的商業價值還很難說！

　　另外，小雷也表示，她並沒有針對本次影片的標題文字或是
設計去註冊類似的商標，也沒有拍類似的教學影片，怎麼會傷害
到「96 物理教室」的商業價值呢？她純粹就是拍個惡搞影片，來
讓觀眾開心的創作，「96 物理教室」竟然拿商標法來威脅創作者，
小蝦米是要如何對抗大鯨魚呢？

　　「96 物理教室」在記者會中，主張小雷是在利用其經營多年
的商標的知名度，來增加點擊率、賺更多錢。小雷對此說法嗤之
以鼻，她認為網路世代和「96 物理教室」的受眾重複比率不高，
以這次刊登影片的平台為例，很明顯雙方的訂閱數和影片觀看數
都是小雷的高出許多，這兩家公司的屬性非常不同，小雷的觀眾
根本不會認為「96 物理教室」的課程是小雷拍攝的；反之，為什
麼會確信「96 物理教室」的觀眾會因此對小雷的影片有所混淆誤
認呢？

　　小雷委屈地表示，她根本沒有道理要收割「96 物理教室」的
成績。此外，這支影片的瀏覽率和其頻道一般的影片相比，表現
得並沒有特別好，還被「96 物理教室」指控是要攀附其商標獲得
商業利益，從各個面向來看，小雷覺得「96 物理教室」的說法都
不合理。

◀ 律師法律意見 （本案法官還未有判決）

律師認為如果進到法院審判程序中，小雷的影片被認定侵害「96 物理教室」的商標而敗訴的機率很大。

◀ 主張理由：

1. 商標戲謔仿作的界線

商標法的目的，在保障企業或公司行號對商標的使用，避免他們的商標利益受到損害。但這並不代表商標法就不尊重創作自由。事實上，只要被拿來戲謔模仿的商標可以明顯看得出不同，還能傳達有意義的價值，那法律就不會認為這侵害了商標權。

從這樣的標準來看，惡搞影片〈69 物理教授〉上架後才一天，「96 物理教室」就接到將近 100 通的家長抗議電話，而且確實有退課申請和負面評價湧現，指責他們拍的影片不適合小孩觀看，可見民眾確實會產生混淆。這樣的商標模仿明顯沒有做出差異，反而嚴重傷害了「96 物理教室」的商譽。

Q 96 物理教室

⏱ 96 物理教室

⏱ 69 物理教授

⏱ 物理

⏱ 小雷影片

2. 是否有表達矛盾對比訊息

　　在 Google 上搜尋「96 物理」這些關鍵字時，的確會跳出〈69 物理教授〉這部影片，表示小雷確實有因為模仿物理教室的商標獲得實質利益，這對小雷非常不利。最後，從小雷的影片還有她自己的說法來看，她並沒有要藉此諷刺或表達什麼觀點，只是單純想搞笑，這部影片就很可能被認為只是一個商業產品。要法院為一個商業產品，犧牲掉「96 物理教室」的商標權利，實在不合理。所以從專業角度判斷，這個案件若上到法院，小雷因為商標侵權而敗訴的機率很大。

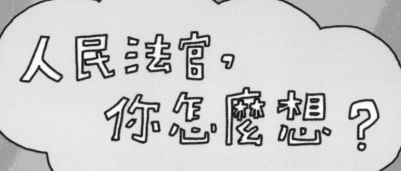

人民法官，
你怎麼想？

[A]

網路世代根本沒有人會看「96物理教室」的影片，自然也不會有因為小雷的影片而混淆誤認的情形發生，這是戲謔仿作不是侵權。

企業和公司對於商標的維護和商譽建立都需要成本，不能以開玩笑為由就任意侵害受到法律保護的商標，小雷做的行為就是商標侵權。

[B]

法律與反思

在享受創意展現的同時，也尊重他人創意的成果

在與智慧財產權相關的法律爭議中，要明確劃出一道界線來判斷誰是誰非，往往都有其難處。為了要保障大家的創意展現以及智慧結晶，就必須留下依照個案不同狀態來判斷與考量，而創作者在表現自己的創意時，也應換位思考，尊重他人或企業所享有的商標權利。

新興與傳統的看法衝突

每個世代中所重視的價值觀與習慣的媒體平台都不同，不能單單以一個世代受眾的重視的價值和偏好來完全否定他方所重視的事。無論是自由前衛或保守穩重，要能夠以共同遵守的法律作為基礎，才是一個共榮的社會該有的情貌。

❶ 商標法第 1 條

為保障商標權、證明標章權、團體標章權、團體商標權及消費者利益，維護市場公平競爭，促進工商企業正常發展，特制定本法。

【法律白話文】

商標的功能，主要是在與消費和行銷相關的行為時，能夠讓大眾區別不同商品與服務是由誰提供的。從本條文中可以看出，我國商標法的立法目的便是在於藉由保障商標權利，來促進工商業的發展，讓消費者能夠分辨商品及服務來源，做出符合自己利益的消費選擇。

○ 商標法第 68 條

未經商標權人同意，為行銷目的而有下列情形之一，為侵害商標權：

一、於同一商品或服務，使用相同於註冊商標之商標者。

二、於類似之商品或服務，使用相同於註冊商標之商標，有致相關消費者混淆誤認之虞者。

三、於同一或類似之商品或服務，使用近似於註冊商標之商標，有致相關消費者混淆誤認之虞者。

法律白話文

舉個例子來說明：

冰箱品牌甲的商標是英文字母「JH」組成，冰箱品牌乙將品牌甲的商標，標示在品牌乙自己出產的冰箱上，且沒得到甲同意，這種情況便是在「同一商品」使用與甲的註冊商標「JH」相同的商標，如此便會違反上述第一款的規定。

如果今天品牌乙將甲的商標「JH」用在自己出產的冷凍櫃上，雖然不是冰箱，但是冰箱和冷凍櫃屬於類似的商品，又讓消費者誤認，覺得冷凍櫃是品牌甲所出產時，就是條文中第二款的情形。

第三種情況則是，品牌乙設計了「TH」這個商標，且用於自己出產的冰箱上。因為「T」和「J」實在太相似，如果導致消費者混淆誤認，便是第三款規範的情況。以上三種例子都會被認定是侵害商標權。

◯ 商標法第 69 條

商標權人對於侵害其商標權者，得請求除去之；有侵害之虞者，得請求防止之。

商標權人依前項規定為請求時，得請求銷毀侵害商標權之物品及從事侵害行為之原料或器具。但法院審酌侵害之程度及第三人利益後，得為其他必要之處置。

商標權人對於因故意或過失侵害其商標權者，得請求損害賠償。

前項之損害賠償請求權，自請求權人知有損害及賠償義務人時起，二年間不行使而消滅；自有侵權行為時起，逾十年者亦同。

法律白話文

當你的商標權被侵害時，你可以要求侵害的人移除產品上的商標，或是為了防止讓侵害商標的產品進到市場，可以要求海關在入關時查扣。另外，你也可以要求銷毀侵害商標的產品以及製造該產品的設備和工具。不過需要注意的是，最後的處置方式會是由法官來判斷。

❶ 商標法第 70 條

未得商標權人同意,有下列情形之一,視為侵害商標權:

一、明知為他人著名之註冊商標,而使用相同或近似之商標,有致減損該商標之識別性或信譽之虞者。

二、明知為他人著名之註冊商標,而以該著名商標中之文字作為自己公司、商號、團體、網域或其他表彰營業主體之名稱,有致相關消費者混淆誤認之虞或減損該商標之識別性或信譽之虞者。

三、明知有第六十八條侵害商標權之虞,而製造、持有、陳列、販賣、輸出或輸入尚未與商品或服務結合之標籤、吊牌、包裝容器或與服務有關之物品。

法律白話文

本章的案例就是第一款規範的狀況,「69」和「96」兩個相似的數字組合的確有機會讓註冊商標的識別性降低。而且在本章的案例中,小雷顯然也知道這是他人的註冊商標。

關於上述條文中的二、三款,同樣以前述冰箱品牌甲乙為例:

如果今天品牌乙將品牌甲的註冊商標「JH」中的這兩個英文字母,用在品牌乙的網站連結,且設定為「jh.com」,的確也有機會造成消費者混淆誤認。另外,如果明知到品牌乙侵害他人商標權,卻還幫該品牌製造貼有他人商標的標籤,便是第三款規範的情形。

我國商標法看起來沒有戲謔仿作的規定，那怎麼下判決呢？

商標法為「屬地主義」

　　全球大部分的國家中，就商標的法制設計，都是採取註冊保護及屬地主義，也就是說商標權人必須要在一個國家內註冊登記商標來取得商標權，而該商標權就會在該國家的領域範圍內受到該國的商標法保護。原則上，今天在甲國註冊登記的商標，在沒有到乙國註冊登記的情況下，是不能在乙國主張其商標權的。

外國肯認戲謔仿作的判決也能在我國判決中適用

　　為什麼在介紹完屬地主義後，卻說外國的戲謔仿作相關判決也會出現在我國的相關案例判決中呢？這是因為雖然我國商標法沒有戲謔仿作的規定，但是我國的法官認為，國外相關判決中的理由與依據，是可以適用在我國商標法的合理使用要件判斷的。因此在判決中，我國法官並不是直接引用外國判決的結果，而是把其中的論理見解作為法理來參考做出判決的。

值得注意的是，雖然可以把外國判決的見解作為法理而適用在我國的判決中，但是畢竟每個國家的法制設計都不同，因此在我國判決時，仍需要考量商標使用人在我國實際使用的情況，根據我國商標法規定個案具體判斷是不是符合合理使用的要件。

商標法合理使用的條件

「描述性合理使用」和「指示性合理使用」

商標法合理使用的規定，可以分為兩種，一為「描述性合理使用」，二為「指示性合理使用」。要如何區分這兩種呢？以下舉例說明。

描述性合理使用指的是，如果 A 品牌用他人的商標，來描述自己的商品或服務的名稱、形狀、品質、性質、特性、產地等，純粹為「說明性質」，此情況便可以合理的使用。指示性合理使用是將他人商標用於指示他人的商品或服務來源。最常見的便是比較性廣告和維修服務，可以透過指示他人產品或服務來源來顯示自家服務或商品的品質、特性……等等。例如，A 品牌在自家的廣告文宣中，顯示自家零件和他人有商標權的家電產品規格相容。

上述這兩種狀況都有一個共同特性，也就是並非作為自己的商標使用，因此不受商標法商標侵權規定的約束。

戲謔仿作主張合理使用的抗辯

本章小雷的案例中，在進到訴訟階段後，若是小雷想要主張自己的行為是「戲謔仿作」而不是「商標權侵害」，通常可以做出兩種抗辯。

第一，是向法院主張在行為中使用他人的商標，只是詼諧幽默的言論表達，而不是將他人商標用作自己商品的標示，所以不是商標法規定的商標使用，自然不會侵害商標權。

第二，小雷亦可以主張，雖然是商標使用行為，但因為和原商標有一定差距，也可以清楚讓人區分，並不會造成消費者混淆誤認，所以也沒有侵害商標權。此外，無論在國外或國內的判決中，法官們都很強調的一點是，戲謔仿作必須要讓一般非當事人的大眾，可以清楚理解戲謔仿作的人和商標權人沒有任何關係，如此才不會讓大眾誤會戲謔仿作的創作或行為是與原商標權人有所連結。戲謔仿作只是想表達幽默詼諧，而不是為了搭他人商標之知名度獲取利益的搭便車行為。

從美國的知名的戲謔仿作案件判決 [1] 中可以明白看出，商標戲謔仿作要被認定是合理使用，須符合以下條件：

一、必須清楚傳達「與原作沒有任何關係」的訊息，而無欲混淆消費者或搭商標權人商譽便車之意圖。

二、使用行為本身使原作與仿作間產生有趣的對比差異，表達出戲謔或詼諧的意涵或論點，並為消費者立刻察覺為戲謔仿作。[2]

著作權的戲謔仿作：
翻玩致敬或是抄襲侵權？

主打翻玩、致敬的商品，大部分的情況都能夠讓大家一眼就與某一個經典商標或是創作建立連結，在透過變更角色慣常的形象、性別或是加入其他設計元素，來讓消費者選購。

但是，其實在我國的著作權法或是商標法中，並沒有「翻玩」、「致敬」這樣的法律用語，這類行為在著作權法中通常指的是所謂的「改作」，或是商標法中的「商標使用」。因此，在沒有取得智慧財產權人的授權下，極容易侵犯智慧財產權。

翻玩或致敬的創作者在做出這類型的創作時，經常認為自己已經大幅度改變原本的角色，或是多加了許多不同的創意設計，理論上應不會造成消費者的誤認，而且這種展現幽默和趣味的方式，都應該符合「戲謔仿作」，且受到合理使用規範的保護。但是，戲謔仿作的案件，怎麼還是常常在法庭上被法院認定是侵害而敗訴呢？

商標的戲謔仿作在前述已有多面向的討論，而著作權的戲謔仿作，本身也有其判斷標準。著作權法所保護的著作，十分重視「原創性」，也就是著作人原始獨立完成而非抄襲或剽竊而來的創作，足以表達著作人內心的思想或感情，而且和先前已存在的作品能夠產生相互區別的變化，足以表現著作人的個性或獨特性之程度。

要討論著作權法戲謔仿作的規定則和商標法一樣，我國仍需要回到合理使用規定來探究。著作權法第 65 條合理使用之規定，主要可看出四個判斷標準：

1. **利用之目的及性質**。盈利的商業目的抑或是提供非營利組織教育使用，上述情況都會有所差別。

2. **著作的性質**。是教育手冊、小說還是錄音檔，情況都會各有不同。通常，若使用的是具有美感且創作性高的著作性質，構成合理使用的機率就會變低。

3. **所利用之質量及其在整個著作所占的比例**。舉例來說，如果你在剪輯影片時，使用的到底是電影關鍵的「暴雷」內容，還是片頭的景觀畫面？或者，片長一小時的影片中，你使用了多少分鐘他人的著作，這些都是判斷的因素。

4. **利用結果對著作潛在市場與現在價值的影響**。換句話說，要評估該使用是否會造成著作權人在原本的著作在市場中，減損其商業利益。

　　戲謔仿作如果要符合著作權合理使用的規定，美國法院的判斷標準，是該改作的戲謔仿作作品有無展現高度創作性，是否具有「轉化價值（transformative value）」、戲謔仿作的原著作夠不夠有名、對於原著作在市場上有沒有替代性。

如果今天戲謔仿作的原著作沒沒無聞，那戲謔仿作以原著作為本，讓人可以看到後會心一笑且不會搞混的「戲謔、詼諧」效果便不會存在了。而且，戲謔仿作本身與原著作應該會有完全不同性質的差異，在市場上就不會影響原著作價值和商業利益的問題。為了讓大眾可以看出想要諷刺或戲謔的原著作為何，無法避免大量使用原著作，因此即便使用了原著作的重要部分或在戲謔仿作中原著作占極大比例，也還是在合理範圍內。只要符合前述的這些條件，美國法院認為盈利本身，並不會讓已經符合前述要件的戲謔仿作構成著作權的侵害。[3]

　　我國法院判決也引用前述美國法院的見解，在判斷著作權的戲謔仿作是否符合著作權法合理使用的規定時，需要判斷利用的目的，如果沒辦法明確傳達與原作無關的訊息時，那相似的仿作就無法讓消費者聯想到創作者意圖想表達的戲謔幽默意涵，反而會和原著搞混，那就會失去合理使用的正當性。以下舉三個例子來說明：

1. 如果原著作是一位國際知名的藝術大師，那麼原著作的性質便有高度創意性且難以取代，受到著作權法保護的程度應該更高，因此若有一位創作者 A 要利用這類性質的著作來進行戲謔仿作，便較難被認定為是合理使用。

2. 如果這位創作者 A 只是將一個藝術家的畫作原圖縮小，將

之印製在整件 T 恤上，如此使用原著作的比例過高，也看不出另外的創意展現，也會較難被認定為合理使用。

3. 如果創作者 A 使用另一位創作者 S 的原著作來進行戲謔仿作，並且將其戲謔仿作的作品製作成帆布袋來販售，但是原著作 S 的作品也有相同的帆布袋商品在市場上販售，而且銷售成績很好，兩樣高度重疊的商品在市場中流通的時候，創作者 A 的商品便會對原著者 S 的產品造成現在或潛在的價值影響，如此情況，要被認定是符合合理使用的戲謔仿作就更難上加難了。

---

[1] MOB 案。MOB 案為美國著名案件。美商 My Other Bag, Inc（MOB 公司）將自家生產的帆布包正面，印上各大知名品牌如 LV、Chanel、Hermes 等經典的圖騰及花樣。為此，2016 年知名奢華品牌 Louis Vuitton（LV）向 MOB 公司提起侵害商標權等訴訟，最後經美國聯邦第二巡迴上訴法，在同年 12 月作出判決，認定 MOB 公司的行為不構成侵害。

[2] 智慧財產法院 108 年度民商上字第 5 號判決判決理由中提及。

[3] 97 年度刑智上訴字第 41 號判決。

看影片也可以輕鬆學法律！
本章內容影片 QR Code

4 警察開槍打死壞人，有罪嗎？

事件

依法執行職務，開槍打死了人算什麼？

◀ 事件主角

林志成　　　　　　小玉

◁ 事件時間

民國 109 年 3 月 29 日

◁ 事件地點

嘉義山區

◁ 事件概要

嘉義縣一名 30 歲的男子小玉，在郊區破壞車輛、意圖行竊，警方接獲報案後，派出員警林志成前往處理。沒想到林志成一到現場，小玉不但不束手就擒，反而不斷丟石頭攻擊他，甚至企圖把警車開走。混亂之下，林志成選擇向小玉開槍，沒想到小玉就這樣被打死了。

〔人民保母的榮譽之戰〕

菜鳥即將出任務，結果是禍還是福？

　　剛從警察大學畢業一年的林志成，在嘉義縣的派出所服務。民國 109 年 3 月 29 日的那天晚上，約莫 11 點多，派出所接獲民眾通報，聲稱有個男子在路邊砸車、偷東西。當時派出所沒有其他人力可以支援，所以林志成便自己開車過去現場處理了。

執行職務遇醉漢，菜鳥員警該怎麼辦？

　　林志成一到現場，就看見歹徒站在車子旁邊，車窗已經被砸破，歹徒甚至拿著雨刷對報案的民眾揮來揮去，還出言不遜、破口大罵。歹徒看起來很明顯喝醉了，已經失去理智，即便員警林志成叫他不要動，他竟然像瘋了一樣，開始撿拾路邊的石頭亂丟。歹徒一邊丟還一邊跑，不只造成林志成受傷，連一旁的路人都慘遭池魚之殃，甚至有路人被石頭砸中下巴，流血受傷。

為了保護民眾，只好開槍

　　林志成為了避免現場人員持續受到傷害，立刻衝上前去，並用警棍制服他。壓制了一會兒之後，歹徒因為奮力掙扎，林志成被他一腳踢到眼睛，林志成痛得鬆手，歹徒便順利掙脫，趕忙跑往巡邏車方向去了。林志成當時心想：「完了，車上鑰匙沒拔！萬一他開車亂撞人怎麼辦？」林志成心一橫，決定拔槍指著歹徒，命令他不准動，沒想到歹徒根本不理會，繼續將車門打開。此時，林志成決定開槍阻止！

我沒有要殺死他的意思

　　開槍後，歹徒因血流不止，送醫急救後不治身亡。林志成緩緩地說：「我也沒想到他會因為這樣流血過多，最後死掉啊！我不記得我開多少槍了，可能有 4、5 槍吧！」林志成也回憶道：「但那個時候情況真的很危急，在短時間內我能做的判斷就是這樣。我也沒有對著他的致命部位開槍，瞄準的都是下半身，所以我認為我的執法過程完全沒有問題。」重新梳理整個執法的過程，林志成自覺無奈，「說實在的，現場就只有我一個警察，我也面對生命威脅啊。如果事情沒有處理好，我也可能會被他打死。如果我沒有開槍，讓他隨便開車亂撞人，造成的損害不是更大嗎？」

做工的人，命運哀歌

生命中的最後一天

　　那天早上小玉被通知他工作多年的工廠老闆惡意倒閉，老闆欠了他整整半年的薪水，竟突然跑路！面臨失業的小玉萬念俱灰，一想到他負擔著車貸，家裡還有小孩要養，崩潰的他一個人跑出去喝悶酒。隨著時間慢慢流逝，小玉悲痛萬分，也不知道自己到底喝了多少，醉得一蹋糊塗的他，開始慢慢地走路回家。

佛擋殺佛，警察擋就回手

走在回家的路上，小玉看到路邊停了一台很像他老闆的車。那一瞬間，小玉怒火中燒，便撿了路邊的石頭，像發了瘋似的往那台車猛砸，想發洩心中的不滿與憤怒。沒想到，才開始砸車沒多久，便有路人跑來對小玉大呼小叫，指稱小玉偷東西。這時小玉更生氣了，他認為自己並沒有要偷東西，只是想到老闆對他的所作所為，又因醉酒情緒不佳，才想拿那台車發洩自己的情緒。為了讓那個胡亂指控他的人不再亂說話，小玉將車子的雨刷拔下，攻擊那個指稱他偷東西的人。一會過後，警察便出現了，沒想到警察的出現更惹得小玉憤怒。他心中無法理解，為什麼他要被警察抓起來？又為何大家要向他丟石頭？在那個當下，警察甚至一度要用警棍毆打小玉。憤怒的小玉在面對所有攻擊，一律還手打回去。

警察開槍打死壞人，有罪嗎？

手無寸鐵的小玉，最後一刻的人生跑馬燈

　　小玉在那個當下急忙想離開現場，企圖開警車逃跑，這時警察卻對他開槍，他心想：「難道我是什麼十惡不赦的大壞蛋嗎？我手無寸鐵，不過就是把路人跟警察打傷了而已，我也沒有危及到任何人的人身安全。警察就這麼直接開槍對付我，會不會太過頭了啊？」小玉感受到自己中槍後，肚子已經開始流血，警察竟還繼續對他開了好幾槍，中槍的小玉在眼睛闔上前痛苦地想：「警察難道不在乎我的死活嗎？開槍殺紅了眼，所以才會害我流血過多死掉吧……？」他腦海才剛閃過這些念頭，小玉便再也醒不過來了。

法官

◢ 案件判決結果

法官認定林志成，犯下過失致死罪，有期徒刑 6 個月，得易科罰金，緩刑 2 年。

◢ 判決理由

法官認為林志成執法時沒有審慎使用槍枝，構成過失致死。不過考量他剛畢業沒多久，面對突發狀況缺乏判斷經驗，而在情急之下面對這樣的突發狀況，才會有執法過當的情形。因此，判有期徒刑 6 個月，得易科罰金，緩刑 2 年。

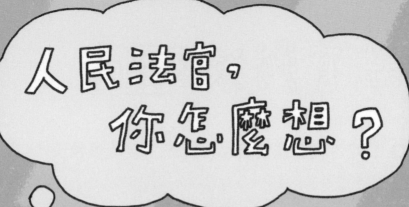

林志成執法過程合情合理,沒有過失致死問題,無罪。

警察執法用槍應該審慎,林志成執法過當,過失致死,有罪。

[B]

法官判決理由

❶ 警察作為合法使用暴力者應當要戒慎執法

警察是整個社會中，少數可以合法使用暴力的人。當警察在執法的時候，一舉一動都必須非常謹慎。除非有急迫需要（而且當下只有這個選擇是傷害最小的），才能夠使用槍械這些武器。

❷ 開槍之前可以先警告，開槍之後也可以選擇停止的時間點

根據林志成配戴的密錄器顯示，當天在案發現場，死者小玉手上並沒有任何可以致人於死的危險武器。即使他搶奪警車，也還沒有攻擊或衝撞他人。也就是説，林志成實際上並未受到任何立即的危害。但是小玉搶警車要逃跑，在當時危急的情況，是有可能對路人造成危險。

其次，在案發現場，林志成可以選擇先開槍警告，也就是對空鳴槍或對車子開槍，但他卻選擇直接對人開槍。法官判斷，此舉並非當下侵害最小的手段。且根據密錄器的畫面，小玉在中了第 3 槍時，腹部已經明顯出血，林志成卻繼續開槍，對小玉射擊多達 8 次。這顯然已經逾越必要程度，不符合比例原則。

◯ 考量情有可原，減輕刑責

擔任第一線的警員面臨許多工作壓力與辛勞，要處理的事務也繁多，在處理急迫的情況時，往往需要立刻做出決定。為了維護社會治安、民眾安全，警察也往往將自己的生命與身體安全陷於危險之中，這是警察作為第一線執法者的難度。

法律與反思

　　法律從來不是警察執法的障礙或敵人，擁有合法武力的權利，也代表他們需要承擔相對的義務。一旦他們沒有拿捏好使用槍械的界線，就要接受法律懲處。但是，從另一個角度來看，也不能只因為「警察執法時殺死人」就隨便認定使用武力的警員濫權或違法。

　　因為人力或配備不足，其實警察常常要單獨面對高風險的執法環境，心理壓力非常巨大。因此，判斷是否執法過當，就必須在警察執法當下的心理狀態，以及現場歹徒的反應和行為等等的證據下，盡量做出公平的判決。

法律白話文小學堂

○ 刑法第 276 條 過失致死罪

因過失致人於死者，處五年以下有期徒刑、拘役或五十萬元以下罰金。

法律白話文

在沒有殺人意圖下，因疏忽、違反保護他人的法律或規則、或粗心大意而引致他人死亡。

概念 1
警察執法也要符合比例原則

　　按照「警察職權行使法」，警察在行使職權時，不管是執行什麼職務，執行的手段及方法都不可超過所要達成目的的必要限度，而且要以人民權益侵害最少的適當方法來進行。

　　在 2020 年年初，新北市曾發生一起警察執法爭議的新聞。位於中和的員警在執法過程中，以自身優勢的警力攔停拒絕臨檢的未成年機車人士。警察在攔停之後並壓制受檢查人，警察甚至以腳踢踹被壓制的未成年人的頭部。

　　這個執法的爭議在於，警察雖然可以在特定的路段設置路檢點，但是設置路檢點的目的是為了要查證身分。當身分確認之後，如果沒有發現違法或違規的情況，就必須當場放行。違法及違規包括違反刑法（例如車上有毒品），抑或是最常見的道路交通管理處罰條例等行政法規。

　　如果一般遇到民眾拒檢，警察要按照「執行路檢攔檢身分查證作業程序」，用口頭、手勢、哨音或開啟警鳴器開始攔阻。如果對方還是不停車，則可以用追蹤稽查的方式伺機攔停，也可以請求支援。

當警察順利把人攔下來之後，如果在過程中遇到施測的民眾拒絕熄火臨檢下車或逃竄，甚至合理懷疑認定乘客情況異常，可能將有危害行為，警察可以按照「警察職權行使法第 8 條」，對該民眾施加強制力，強制他離開車輛。甚至，如果警察有事實足以認為該民眾有犯罪的可能，也可以檢查交通工具。

　　如上述中和警察的案例，警察將人攔下後若對方有意要逃跑，警察可以用強制力壓制。但是，對於後續警察的踹頭等舉動，都會被視為是多餘的執法暴力。

我是警察，只要我想盤查就可以盤查嗎？

　　臨檢是警察勤務之一，警察可以用檢查、路檢、取締與盤查等手段來進行。另外，警察主要的職務是「行政調查」與「犯罪偵查」，但這兩項職務卻有高度的重疊性。舉例來説，警察在盤查的時候，本來只是問問身分證，但是突然發現盤查對象的機車上血跡斑斑，有事實可以相信受到盤查對象可能有犯罪嫌疑的時候，就應該進入犯罪偵查。

　　雖然行政調查與犯罪偵查在本質上有所不同，對人民侵害的程度也不一樣，但是如果行政調查有高度可能轉換成犯罪偵查，警察在執行時，除了根據「警察職權行使法」以外，也要同時考量執行的過程中是否違反刑事訴訟法（例如，對民眾進行搜索或扣押，就屬於刑事訴訟法的範疇）。

　　警察也不能隨時隨地就對民眾進行盤查。首先，警察必須在「公共場所」才可以進行盤查。其次，對於搜索對象也必須要有合理懷疑涉及犯罪，或是有足夠的事實或證據對某個人或某個地方即將發生危害，才可以進行盤查。最後，警察在實施盤查時，應該要穿著制服或出示證件表明身分，並應該告知對方，是基於

什麼理由進行盤查。

　　警察在進行盤查的過程中，只能確認民眾的身分，並不可以進一步搜索，例如打開密封物或後車廂。因為警察如果要進行搜索，原則上還是要透過「搜索票」。因為搜索身體、打開後車廂這類的情況，並不屬於「公共範圍之內」。如同警察要進入民眾的私人住宅一樣，上述情形（搜索身體、打開後車廂、包包等），警察要出示搜索票或是要經過受檢者的同意才能進行。

　　如果民眾對於警察執行的方式不服，可以當場提出異議。人民所提出的現場異議若有理由，警察要當場停止執行。如果警察違法行使職權，人民可以分別提起訴訟，或是依法請求損害賠償。

面對盤查的注意事項！

當警察合法盤查的時候，我可以拒絕陳述或是報別人的姓名嗎？

　　如果警察是合法實施盤查，你在這時晃點警察，讓警察無從確定身分，又不同意同行至勤務處所接受調查，你便會涉及社會秩序維護法。此時，警察可將你移送簡易庭，裁處 3 日以下拘留或新台幣 12,000 元以下罰鍰。如果冒用他人身分或能力的證明文件者，便會移送該管轄的簡易庭，裁處 3 日以下拘留或新台幣 18,000 元以下罰鍰。若你不只冒用他人身分，還假冒簽他人姓名，還會另外涉及偽造文書。

要求警員合法執勤不一定就是妨礙公務

在一些常見的警民衝突新聞中，常常有警察一言不合就說人民「妨礙公務」。然而，並不是質疑警察執法的合法性就會構成妨害公務罪。

要成立妨害公務罪，客觀上要考慮行為跟行為當時的狀況，也就是公務員在依法執行職務時，你的強暴脅迫行為已經影響到他順利執行職務，主觀上你也認知到你的強暴脅迫行為是在妨害對方執行職務，這時候就有可能成立這個罪。

關於妨害公務罪，還有一個重點需要注意。公務員執行職務，必須是合法執行，並非只要公務員執行職務我們都必須接受。例如，警察今天因為收到民眾投訴，有小混混違法聚眾鬥毆，警察到場執行職務，並不等同於警察到場後所執行的逮捕、搜索，都會是合法的。

如果民眾覺得警察的執法過程有問題，此時應該做的是現場蒐證。例如，以手機拍錄影像，作為後續異議或是進行訴訟時主張的證據。在這個過程中，不應恣意對警察大小聲，因為人們往往在面臨衝突的時候，很難保證不會因為情緒激動而說出不當的

話。若一時衝動而口出穢語，不僅讓你有理說不清，更麻煩的是很可能害自己背上侮辱公務員的罪刑。

看影片也可以輕鬆學法律！
本章內容影片 QR Code

5 你的錢不是你的錢？

事件

滿十八歲的大學生，
卻不能自由花錢？

◀ 事件主角

阿含

小柯

阿含媽媽

◀ 事件時間

民國 106 年 11 月 28 日

◀ 事件地點

高雄市

◀ 事件概要

18 歲的阿含立志成為一位 YouTuber，剛進大學滿腔熱血的他，決定開始著手練習拍攝和剪輯影片。於是，阿含跑到電腦專賣店選購新筆電，在老闆小柯詳細的介紹下，考量自己的需求後，阿含決定購入超過原本預算「兩倍」的頂級筆電！沒想到阿含媽媽得知這個消息後，竟然氣沖沖跑到小柯店裡，要求他「全額退費」，甚至還告上法庭！因為未滿20歲的阿含在民法上還是未成年，買東西需要父母同意才算數！這種説法是真的嗎？面對這樣的案件，法官又會怎麼判呢？

〔上大學、年滿 18 歲了，我的自由呢？〕

熱血青年，有夢相隨

　　年滿 18 歲的阿含成為了大學新鮮人，開學已經過了一週，立志要為中華民國拋頭顱灑熱血，決心成為一名政治型 YouTuber，唯有如此，阿含才能實現他的遠大宏願。阿含還在大學選修了「影片製作」這門課程，因此他認為有必要去買一台筆電來使用。

　　由於阿含並不是很了解筆電的各種機型與功能，所以便請教賣場老闆小柯，在他們討論選購筆電的過程中，兩人聊得十分投機。阿含認真思考，為了完成他政治型 YouTuber 的夢想，長期耕耘想必是需要的，未來也會學習更多後製及特效軟體提升影片品質，阿含索性心一橫，購買了一台更昂貴但效能更好的頂級筆電。

18 歲可以喝酒，卻不能自己買筆電？

　　雖然這台筆電的售價高達七萬元，遠遠超出媽媽給阿含的預算三萬五千元，但他自認為超出預算的部分是拿自己從小存的零用錢來貼補，並沒有亂花錢。結果，過沒幾天，阿含的媽媽就氣沖沖地到賣場跟小柯吵著要退費，阿含覺得自己顏面盡失，丟臉至極！

129

阿含覺得媽媽莫名其妙，18 歲都可以喝酒、開車了，結果現在竟然連台電腦都不能自己買。真是太沒道理啦！現在都什麼時代了，阿含認為這根本就是在抹滅年輕人的自主性吧。

把關孩子的消費是父母的天職！

　　到現在依舊「氣氣氣氣氣」的阿含媽媽表示，阿含畢竟只是個剛滿 18 歲的「孩子」，從小到大不管是學費還是生活費，都是媽媽幫他安排好好的。阿含的媽媽說，那天阿含跟她提到學校

上課要買一台跑得動剪輯軟體的新筆電，他們母子兩人一起上網查資料，發現像阿含這種新手，給他三萬五千元買電腦，其實已經很夠用了。阿含的媽媽萬萬沒想到的是，他們母子倆討論那麼久的結果，居然因為小柯那個無聊老闆的一張嘴，就讓阿含一時沖昏頭，付了整整七萬塊，那簡直是超過了一倍的價錢！

雖然阿含的媽媽知道阿含很貼心，多出來的錢是用自己存的零用錢付掉了，但是阿含媽媽不懂的是，到底為什麼要平白無故把自己辛苦存的錢拱手送給這種黑心店家呢？

我以為的自由，其實並不那麼自由？

媽媽也是有學《民法》的

阿含媽媽生氣地說：「不要一直在那邊跟我說什麼 18 歲可以喝酒、可以開車、可以幹嘛幹嘛的！好險媽媽我有學過民法。民法中有規定，除非那筆消費是『基於年齡和身分，日常生活所必需的行為』，否則父母都保有最終決定權。」阿含的媽媽認為自己為人父母，若小孩去外面花大錢，回到家還說他成年了不用你管，天下有哪個父母真的會答應嗎？

阿含媽媽也坦白地表示，這筆錢並不是她付不起，同樣效能的電腦其實價差很大，有貴的也有便宜的，她只是氣不過，認為賣場老闆小柯是想慫恿一個剛滿 18 歲、還沒有辦法自己賺錢的小孩買一台昂貴的電腦。她認為這種行為，跟詐騙有什麼不一樣？阿含媽媽也認為，不管時代如何變遷，一台要價六、七萬的電腦，絕對不可能成為「生活必需品」。

無奈的老闆：「怎麼能說退費就退費？那我的損失呢？」

　　面對阿含母親的指控，老闆小柯非常無奈又傻眼，他表示，阿含媽媽到商場找他的時候，一直聲稱阿含才 18 歲，民法上還未成年，買任何東西都需要經過父母同意，否則一律不算數。阿含媽媽便開始逼迫小柯需要「全額退費」，小柯一聽覺得莫名其妙，他表示自己並不是在經營網路購物，況且當初阿含也是在店裡當場確認商品沒問題，才付錢購買的。現在阿含都已經將電腦開箱，並且使用超過一星期了，怎麼可以說退費就退費呢？那是誰要來賠償小柯的損失呢？

◀案件判決結果

法官認定阿含與老闆小柯間簽訂的契約是無效的,小柯應該全額退費,阿含也應該將電腦返還給小柯。

◀判決理由

未成年人訂定契約時,除了純粹讓未成年人獲得法律上利益,或是根據未成年人的年齡與身分,是「日常生活所必需」之外,都應該得到法定代理人的事前同意或事後承認。本案涉及到「日常生活所必需」這個前提,法官必須在本案中判斷,頂級筆電對於未成年的阿含,是否屬於「日常生活所必需」。考量到市面上的電腦,是有許多型號以及不同的價格選擇,身為未成年的阿含,依照課業需求,並不需要買「頂級」的筆電,普通等級的筆電其實就能滿足他日常作業的要求。再者,阿含也沒有打工或固定收入,對學生的他來説,頂級筆電的價格對他應會造成不小的負擔。因此,法官認定阿含購買頂級筆電,並非日常生活所必需。既然並非日常生活所必需,阿含的母親又拒絕承認,買賣契約依法無效。

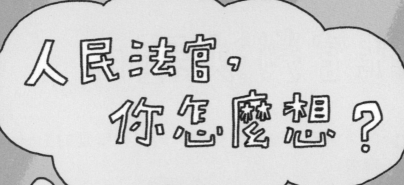

只是買東西而已，18 歲都算成年人了，自己決定就好了吧？

民法上滿 **20** 歲才成年，除非該筆消費是『基於年齡和身分，日常生活所必需的行為』，否則父母都保有最終決定權。*

[註] 民法成年門檻雖然已於民國 109 年 12 月 25 日下修為 18 歲成年，將於民國 112 年 1 月 1 日起施行，故目前仍是以 20 歲為成年門檻。

法官判決理由

❶ 阿含與小柯簽訂的契約，因阿含媽媽的拒絕而無效

民法中有規定，為了保護未滿 20 歲的成年人，要訂定契約之前，未成年人一定要得到法定代理人的同意，除非該行為依照未成年人的年齡和身分，屬於「日常生活所必需」，那這個未成年人就可以自己決定，而不須透過法定代理人的事前允許或事後承認。

所以，這個案子最重要的癥結點在於，阿含買的頂級筆電，到底算不算「日常生活所必需」？如果算，阿含就可以自行決定購買，不必媽媽同意。但如果不算日常生活所必需，這個買賣契約就一定要有阿含媽媽的事前同意或事後承認。

❷ 電腦百百種，沒有必要買到「頂級」的筆電

現今資訊發達的時代之下，電腦已經是我們日常生活中常見的資料處理工具。但是評估阿含課業中所要製作影片的作業，依照市面上各類電腦的性能，三萬五千元左右的電腦就可以符合需求，並沒有必要買到七萬元的筆電。再者，阿含目前只是個普通

的學生，並沒有打工或其他固定的收入來源，七萬元的高階筆電對他而言，是不小的負擔。從這個角度來看，法官認為阿含購買頂級筆電，並非日常生活所必需。

　　因此，法官認定阿含與老闆小柯的契約因為媽媽的拒絕承認，所以是無效的。老闆小柯應該全額退費，阿含也應該將電腦返還給老闆。

法律與反思

20 歲成年規定是否妥當？

　　「契約自由」在民事法上是最基礎卻也最重要的觀念。但是在確保契約自由的同時，還要兼顧保護未成年人，這是立法政策上重大的難題。在法律上，不僅要考量未成年人可能會有思慮不周的問題，同時又要設法促進未成年人參與法律交易，為成年後做準備。目前在民法上，是以 20 歲作為成年基準，在 20 歲以前，若要做簽約等行為，基本上都要求法定代理人同意。有趣的是，在刑事責任上我國卻是以 18 歲作為成年標準，滿 18 歲的人在刑法上要負擔完全的刑事責任。雖然刑法的責任能力與民法的行為能力本就不能混為一談，但是若換個方向思考，在法律上，若認為一個人可以為自己的所作所為承擔刑責的人，在日常生活的交易為什麼就不能自己作主呢？這樣的說法，似乎也不無道理。

日本已經修法，現在我們也跟進了！

　　實際上，我們的鄰國日本在日前已經通過民法的修正案，為了促進年輕族群早日投入社會，自 2022 年起，民法的成年年齡自 20 歲下調為 18 歲。

　　不讓鄰國日本專美於前，我國也於 109 年 12 月 25 日修正了民法第 12 條規定，將民法的成年門檻自 20 歲下修至 18 歲，並

將於民國 112 年 1 月 1 日起開始施行。屆時，民事的行為能力與刑法及行政法上的責任能力皆統一規定為 18 歲，我國民法成年年齡更能與國際接軌，貫徹青年自主，並符合相關國際公約之規定，像阿含在本案中所遇到的困擾未來也將不復存在。

〔民法到底怎麼說的呢？〕

在民法中，滿 20 歲才算成年！

由於民法下修為 18 歲的規定在民國 112 年才施行，所以目前依照民法第 12 條規定，滿 20 歲之人為成年。但是，我國刑法卻規定滿 18 歲以上，80 歲以下之人是「完全責任能力人」，必須負擔完全的刑事責任。而根據阿含所說，18 歲就能抽煙喝酒的法規，則是規定在《兒童及少年福利與權益保障法》中。

「行為能力」怎麼界定？

未成年人是否可以進行民法上的交易行為，是透過「行為能力」來界定的。在民法中，未滿 7 歲的未成年人是屬於「無行為能力人」，也就是說，無行為能力人所締結的契約都是無效的，必須透過法定代理人（例如父母）代為處理。

至於 7 歲以上未滿 20 歲的人則被稱為「限制行為能力人」。限制行為能力人沒有經過法定代理人事前允許所做的單獨行為（例如：債務免除、撤銷或終止法律行為⋯⋯等）都是無效的。若是進行雙方行為（例如：締結契約），則會先處於「效力未定」的狀態，後續則需要法定代理人的事前允許、事後承認、事後拒絕，來決定契約是否有效。

有沒有合法途徑不被父母約束？

　　所以在民法修正施行前，如果我未滿 20 歲，但卻不想被父母約束，有沒有合法的方式不要被管呢？其實是有的。

　　依照我國民法第 77 條規定：「限制行為能力人為意思表示及受意思表示，應得法定代理人之允許。但純獲法律上利益，或依其年齡及身分、日常生活所必需者，不在此限。」這條法律的意思是，在「純獲法律上利益」以及「依年齡身分，日常生活所必須」這兩種情形下，限制行為能力人是享有與成年人相同的地位。

　　「純獲法律上利益」指的是限制行為能力人單純獲利而不用負擔任何義務的情形，例如阿含的叔叔送阿含一支高價的 iPhone 手機，而不要求阿含有任何形式的承諾或回報，這時就沒有父母介入的空間，阿含可以放心地收下手機。

另一種情形則是「依年齡身分，日常生活所必需」又是如何界定的呢？像阿含這樣的學生，在學校用餐、買文具等日常生活的行為，如果還需要父母一一同意才能進行，不但會與現實脫節，更會將事情複雜化，這時依照民法第 77 條但書的規定，這些行為因為屬於日常生活必需，所以不需要法定代理人一一允許，自己進行便有效。

　　回到本章阿含所發生的事情，購買頂級高價電腦這類的情況，有時候很難馬上認定到底是否為日常生活必需。法官此時就必須綜合各種情況，例如阿含的年齡身分、對事情的普遍認知等方面，進行詳細的綜合價值判斷才能得出答案。

法律白話文小學堂

○ 民法第 12 條

滿二十歲為成年。（成年門檻於 109 年 12 月 25 日經立法院三讀通過修正為 18 歲，並將於民國 112 年 1 月 1 日起施行）

【法律白話文】

20 歲就是民法上的成年，可以自由的行使各種民法上的法律行為以及負擔各種權利義務。雖然目前修法已通過，但於民國 112 年施行前，20 歲仍是民法的成年門檻。

○ 民法第 13 條

未滿七歲之未成年人，無行為能力。

滿七歲以上之未成年人，有限制行為能力。

未成年人已結婚者，有行為能力。（由於民法修正施行後男女結婚年齡將統一為 18 歲，故本項將刪除）

【法律白話文】

未滿 7 歲的人屬於無行為能力人。

滿 7 歲以上未滿 20 歲（修法後將下修為 18 歲）的人則是限制行為能力人，比較特別的是未滿 20 歲的人如果已經結婚（我國民法規定男性滿 18 歲女性滿 16 歲可以結婚，新版民法施行後男女結婚年齡將統一為 18 歲），也可以例外成為完全行為能力人。

○ 民法第 77 條

限制行為能力人為意思表示及受意思表示，應得法定代理人之允許。但純獲法律上利益，或依其年齡及身分、日常生活所必需者，不在此限。

法律白話文

「意思表示」是建構法律行為的基礎，限制行為人在表示或接受意思表示時，應該得到法定代理人（如父母）同意。但是在「純獲法律上利益」，例如先前提到的單純受贈不用負擔任何義務的情形，或是綜合各種情況判斷該意思表示是依照該限制行為能力人的「年齡或身分，日常生活所必需」的情形，限制行為能力人可以脫離法定代理人的拘束，自由行使權利。

○ 民法第 79 條

限制行為能力人未得法定代理人之允許，所訂立之契約，須經法定代理人之承認，始生效力。

法律白話文

限制行為能力人訂立契約需要法定代理人的允許，但是未受允許所訂立之契約並不是絕對無效，而是處於一個「效力未定」的狀態，契約最終屬於有效或無效，要取決法定代理人的承認或是拒絕。

概念 1

什麼是意思表示？法律行為又是什麼？

意思表示與法律行為

在閱讀法條的時候，讀者一定有發現「意思表示」這個詞，「意思表示」到底是什麼呢？意思表示其實是一種民法上的抽象概念，是指「把一個企圖發生一定私法上效果的意思，表示於外部」，白話一點來說，就是企圖發生法律效果的內心意思，表現出來。例如本章中的阿含，向老闆小柯表示「想購買」其實就是一種企圖發生私法上的效果（想要與小柯締結契約）的意思表示，表現出來讓小柯知道。

阿含與小柯所締結的契約，在民法上的專業術語稱為「法律行為」。法律行為的定義並未規範於我國的民法當中，我國大多數的見解認為法律行為是「以意思表示為要素，因意思表示而發生一定私法效果的法律事實。」[1]這句話又是什麼意思呢？以本章阿含購買筆電的契約為例，阿含與小柯雙方所締結的買賣契約，其實是由阿含「想購買」的意思以及小柯「同意出售」的意思所組成，兩者所組成的意思，為的是要發生一定的法律上效果，而「法律行為」就是由單數或複數的意思表示所構成。

簡單的買賣，其實隱藏著你意想不到的法律行為

有了上述的基本概念後，現在我們回頭來看阿含與小柯的買賣。買賣這個行為在大家的既定概念中就是簡單的「一手交錢，一手交貨」，但其實這樣一件看似簡單的事，在法律上已經產生了**三個**法律行為。看到這裡，想必讀者的頭腦已經開始打結了，「一手交錢，一手交貨」再怎麼算也不過是兩個行為，第三個法律行為隱藏在哪裡呢？

隱藏的法律行為

在阿含明確表示「想買筆電」，小柯也同意「以七萬元售出」時，這時兩者的買賣契約就已經成立。「想買筆電」這個動作，其實就是一種邀請對方與自己締結契約的意思表示，在法律上又稱為「要約」。老闆答應用七萬元賣出，則是一個同意要約的意思表示，法律上又稱為「承諾」。當「要約」與「承諾」這兩個意思表示形成一致的時候，買賣契約就成立了，而這個契約也就是一個「法律行為」。簡言之，這個買賣契約便是透過兩個意思表示建構出雙方債權債務的「法律行為」。

　　值得一提的是，當買賣契約建立之後，並不會讓當事人雙方的財產產生任何變動，只是約束了雙方有完成契約（一手交錢、一手交貨）的義務。也就是說，這個契約成立之後，阿含的錢不會自動變成小柯的，小柯的筆電也不會自動變成阿含的所有物。

每個法律行為都是有其意義的

　　一個買賣關係下，其實已經成立了三個法律行為：雙方的買賣契約、移轉買賣價金所有權的契約（一手交錢）、移轉筆電所有權的契約（一手交貨）。這時讀者可能會有所疑惑，既然想拿到商品需要透過另外的物權契約才能實現，這樣一開始的買賣契約有什麼作用呢？

　　買賣契約的目的是建構當事人雙方的「給付義務」，換言之，有了買賣契約，阿含在法律上才能要求小柯把筆電移轉過來，小柯在法律上也才能要求阿含付錢，並且在其中一方不履行債務的時候，可以請求損害賠償等等。例如，雙方買賣契約建立之後，阿含付錢給小柯，小柯卻突然反悔不將筆電給阿含，這時阿含就可以提告，請求對方給付或是不履行契約的損害賠償。

法律行為不一定等於意思表示

　　法律行為雖然是由意思表示所構成，但法律行為並**不一定等於**意思表示。例如，在阿含與小柯的買賣契約中，契約是由兩個

意思表示（要約與承諾）所構成；但是在讓與筆電的物權契約中，要移轉筆電所有權除了雙方的意思表示（民法上稱為讓與合意）外，還需要有「交付」這個動作才能生效，這時法律行為就是由意思表示（讓與合意）＋事實行為（交付）所組成，各位一定要注意喔！

效力未定

　　有了上述的基本概念後，我們再來看民法第 77 條以及阿含與小柯的故事。由於阿含是民法上的未成年，依照民法第 77 條規定，阿含的這個要約是需要他的法定代理人（例如父母）允許，除非是先前提到的「純獲法律上利益」、「依其年齡及身分、日常生活所必需者」兩種情形，阿含才可以例外不受拘束。在本章的故事中，民法為了保護未成年人及兼顧契約另一方當事人的利益，阿含未得到法定代理人允許所發出要約，與老闆小柯的「出賣承諾」所構成的買賣契約，法官不直接將它判成無效，而是基於民法第 79 條規定，判定契約是處於「效力未定」的狀態──白話文來說，就是「暫時不發生任何效力」，並將最後的決定權保留給阿含的父母親。

概念 2

法律行為還有哪些類型呢？

單獨行為與契約行為

前面初步談過「法律行為」的定義了，在法律中，法律行為其實還可以細分為「單獨行為」與「契約行為」。單獨行為指的是當事人一方的意思表示就可以成立的行為，例如所有權的拋棄。契約是以當事人雙方的意思表示一致便可成立。例如，阿含的爸爸在錶店看上一支 R 牌的金色手錶，錶店老闆也同意出售，雙方的意思表示一致，此買賣契約便可成立。

需要注意的是，只有「契約行為」才允許限制行為能力人「先斬後奏」，事後取得法定代理人同意來補正效力。民法中也規定，如果是未成年人的「單獨行為」（例如拋棄物的所有權），則一定要取得法定代理人的「事前允許」，如果沒有取得法定代理人的事前允許，該行為就是無效的，就算是法定代理人事後承認也沒有用，除非那個單獨行為符合上述所提及的「純獲法律上利益，或依其年齡及身分、日常生活所必需」這個例外的條件。

負擔行為與處分行為

　　最後來介紹一下法律行為的另一種分類，那就是「負擔行為」與「處分行為」。以故事中阿含的契約為例，阿含跟小柯買賣筆電的行為中到底包含幾個契約呢？

　　前面已經提過，阿含與小柯這個看似單純的買賣電腦交易，實則隱含著「三個」契約呢！這三個契約分別是阿含與小柯的買賣契約、阿含移轉買賣價金所有權的物權契約、以及小柯移轉筆記型電腦所有權的物權契約。

　　本章故事的主角阿含與小柯一開始商議給付內容的買賣契約就是一種「負擔行為」，也就是有發生債權、債務的法律行為。[2] 負擔行為的目的是要建構後續的「給付義務」，也就是買賣契約成立之後，才會有接下來的「一手交錢、一手交貨」。

　　最後，我們來談談「處分行為」。「處分」要表達的是「處置」的意思，並非我們平時說到的「處罰」喔！處分行為指的是要讓某種權利發生、變更或消滅的法律行為[3]。在阿含和小柯買賣筆電的這個例子中，阿含移轉價金（金錢）以及小柯移轉筆電所有權的行為就是典型的「處分行為」，因為他們兩個的移轉動作，會直接讓價金所有權移轉給小柯，而筆電所有權移轉給阿含。

未成年人真的不能自由掌握「自己」的零用錢嗎？

特定財產的處分權限

未成年人從父母那邊得到零用錢，既然已經收入自己的口袋了，難道就不能由自己掌握嗎？其實在民法第84條中有規定：「法定代理人允許限制行為能力人處分之財產，限制行為能力人，就該財產有處分之能力。」這條法律在日常生活中，又會產生什麼樣的情形呢？

最典型的例子就是父母提供給子女花用的零用錢。一般來說，如果父母沒有指定孩子零用錢的用途，那孩子身為限制行為

能力人，其實是可以自由使用這筆錢，而且完全不需要父母（法定代理人）的同意喔！如果本章故事的主角阿含，拿的是媽媽沒有指定用途的零用錢去購買頂級筆電，依照民法第84條的規定，阿含與老闆小柯的買賣契約不用經過阿含媽媽的同意，便可以有效成立。

相反的，如果父母對於零用錢有指定的用途，例如規定零用錢只能用於繳學費以及三餐的花費，子女若拿這些錢使用在指定範圍之外的交易，就不受民法第84條的保障了。阿含在購買筆電之前，還跟媽媽一起上網參考市面上筆電的價格，媽媽同意讓阿含購買三萬五千元以內的電腦，阿含卻沒有經過媽媽同意，購買了超過這個範圍之內的頂級電腦，此時阿含的這個行為，當然也不受民法第84條的保護了。

回到現實世界，來看看民法到底如何融入我們的生活中

便利商店與民法

　　談到這裡，是否覺得前面所提到的某些概念有一點抽象呢？但是，這些抽象的法律概念其實離我們的日常生活並沒有想像中那麼遠。為了讓讀者更了解，我們就以「到便利商店買零食」為例，讓大家更了解其實民法充斥在我們的日常生活中。

　　當你走進便利商店，晃到零食區的時候，看到一整排滿滿的零食，每一個零食品項上也都標示了價格。在民法中，商品標示價格的動作，其實就是一種「要約」的意思表示，由於要約與承諾可以是「明示」或是「默示」，所以當你走進便利商店的那一瞬間，店家其實已經不斷地在對你釋出購買各種商品的要約。等你抓了其中一包零食走向櫃檯結帳，其實就是一個對購買零食的要約，作出「承諾」的動作（當然，你也可以什麼都不買就走出便利商店，代表你對店家的各種要約都不進行承諾，所以沒有建立任何買賣契約）。

你決定要購買手中的那包零食的這個瞬間，你與便利商店之間的買賣契約已經成立。買賣契約的對象是便利商店，店員則是便利商店的履行輔助人，來替店家完成契約。最後，再通過「一手交錢、一手交貨」的兩個物權契約——由店家移轉零食所有權的契約，以及消費者支付買賣價金的契約來完成交易。在上述便利商店購買零食的例子中，因為你支付了現金，所以獲得了零食的所有權，你便可以拿著心愛的零食大搖大擺地走出商店大門。但是，如果你沒付錢就把零食拿走，代表你並沒有取得零食的所有權，會構成刑法上的竊盜罪、民事侵權行為或不當得利，因為物品的所有權並沒有移轉到你身上。

[1] 王澤鑑，民法總則，2019 年 2 月增訂新版 9 刷，頁 276。
[2] 王澤鑑，同前註，頁 287。
[3] 王澤鑑，同前註，頁 287。

看影片也可以輕鬆學法律！
本章內容影片 QR Code

6 我是國中生，
我要告學校？

事件

國中生可以告學校嗎？

◢ 事件主角

小明

校長

大法官

◀ **事件時間**

民國 104 年 6 月

◀ **事件地點**

台中市

◀ **事件概要**

　　民國 104 年 6 月，台中市有一名 14 歲的國二生：小明，因為他媽媽不小心發生車禍，所以期末考當天請假去照顧媽媽。各位先不要擔心，這不是什麼苦兒流浪記之類悲傷的故事。小明的媽媽最後順利地康復出院了，小明也快快樂樂地去參加學校的補考。

　　補考成績出來後，小明竟然發現，學校規定：「因為事假補考，超過 60 分的部分，以七折計算」。這樣一來，等於實際考了 80 分的小明，最後只能算 74 分。小明認為這樣的算法可能會影響升學，嚴重侵害他的權益，並且也是一個相當不合理的規定，因此決定對學校提告！希望學校撤回這個不合理規定。

　　只不過就是分數少了點，就氣到要對學校提告，這樣不會太幼稚嗎？一個普通的國中生，真的有辦法對學校提告嗎？而且，國中生可以向學校提告嗎？

〔學生不就是應該遵守校規嗎？〕

校長：學校的規定就有他的道理嘛

「唉！小明同學這件事，實在是⋯⋯」校長一想起小明向學校提告的這件事，就滿心無奈。校長表示，其實學校會規定「因事假補考，超過 60 分的部分要打七折」，其實是有它的理由，畢竟請假缺席考試，如果分數還和準時考試的同學一樣，那對其他同學是否太不公平了？

校長也知道，小明一定會不開心，他也非常能同理小明的心情。畢竟他請假是迫於無奈，而且也很認真準備考試。但是，學校也是照規定做事，校長認為學校並沒有虧待他什麼，他不能只想到他自己。「說真的，就這一次考試成績，影響不了他什麼啦！他竟然跟我說學校這個規定不合理，他要告學校！」校長不理解地表示。

一提起小明要向學校提起訴訟，校長此時微微動怒：「這小孩真的太任性了！據我所知，學生是不能針對學校校規這些既有規定提起訴訟的。畢竟，學生來學校，是來接受教育的，這是國家給的權利，也是義務。」校長認為，在這種義務下，學生們應該做的，是遵守學校的校規和各種規定，好好聽老師的話、認真學習，而不是自己覺得委屈、不開心，就反過來批評這些規定不合理。

校長：這樣我要怎麼教小孩？

　　「拜託大家想想看，如果開放讓學生可以告學校，記個警告也告，分數不滿意也告，這樣我們要怎麼教小孩啊？」校長認為，如果學生想對學校提告就可以任意提告，那一定會造成老師教學上的寒蟬效應。這樣一來，不僅會壓縮老師的教育空間，老師或許也不敢對學生提出指教和管教了

　　「大家要知道，為了要讓老師能夠有合理的教育空間，我們的法律才會規定學生不能夠對學校提告。這個時代，想要培育英才，真的不是一件容易的事。」校長又舉了許多新聞上「直升機父母」層出不窮的例子，為了保護自己的孩子，甚至不惜支持自

己的小孩做錯的事情。校長擔心，這樣的學習和教育環境，真的是最適合孩子的嗎？

校長：還想聲請大法官解釋？

「不僅如此，他竟然不接受法律的安排，執意聲請大法官釋憲，要大法官給他一個不能告學校的理由。」一想到小明還想提請大法官釋憲，校長便激動了起來。

校長希望小明能好好想一想，來學校是要來受教育的，不是來爭取權益的，如果要計較老師做的每一件事情，那這些在第一線教育者的師長們，真的不知道該如何教導學生了。

學生為什麼不能爭取權益？

姓名	国文	數學	英文	名次
	100	90	90	5

成績很重要這件事，不是老師教我們的嗎？

　　小明回想起期末考那天發生的事情，向我們娓娓道來：「期末考那天早上，因為我媽買早餐的時候，不小心出了車禍，緊急住院開刀，所以我就請假沒去考試，趕到醫院照顧我媽。」小明表示，因為自己是單親家庭，媽媽出事，家裡也只有他能照顧，才不得已請假。後來媽媽康復出院了，小明也依學校規定回校補考。說到此處，小明忿忿不平地說：「但是我從來不知道，原來請事假補考，超過 60 分的部分，分數要被打 7 折！這種算法讓我班排名直接倒退 10 幾名，真的太不公平了！」

　　小明認為他不是故意缺考，媽媽車禍也不是他能控制的，為什麼卻要因為這樣不可控制的情況，遭受到不平等的對待？

　　小明也不能接受學校的說法，有點委屈地說著：「學校說這不過只是一次成績，但是他們有沒有想過，讓我們那麼在乎成績的原因，不就是老師教導我們的嗎？又要我們在乎成績，但又要我們不要爭取成績的權益。怎麼可以要馬兒好，又要馬兒不吃草？」

	88	81	81	15

7 折

為什麼學生完全不能訴訟？

　　因為這起事件，小明決定向老師和學校抗議，希望他們取消這項不合理的規定。小明沒想到的是，學校竟然完全不受理。無可奈何之下，小明與媽媽討論過後，決定要向學校提告。但此時，小明才發現，原來學生是沒有資格向學校提起訴訟的。小明好氣又好笑地說：「當學校依據校規處罰你、記你過的時候，就算你覺得被冤枉，你也是完全拿學校沒辦法的喔！」

　　小明意識到這件事情之後，更加地生氣了。他想到公民老師上課時所教導的：「如果人民的權利受到不合理損害，憲法都有給人民提告的權利。」他疑惑的是，難道學生不是人嗎？如果遇到學校不公平的處罰、不合理的制度，就因為學生的身分，或者年紀太輕，便只能默默承受嗎？

　　小明這件事情，網路上也引發很多人討論。許多網友表示，如果開放讓學生告學校，老師在教學上會有執行的困難，學生也可能會無法無天。但是小明認為這樣的說法並沒有道理，他表示：「如果學生的要求不合理，解決的方法應該是透過討論或法庭辯論，老師可以利用機會好好教育學生，告訴學生錯在哪裡，而不是沒收他反對的權利，叫學生乖乖聽話就好吧？」

「我當然知道學生要接受師長的教誨、學習遵守學校和社會的規範。但萬一老師或學校犯錯，對學生進行不合理的規範時，難道我們真的要漠視學生的基本人權，不給他們向法院提告學校的機會嗎？」身為 14 歲國中生的小明，振振有辭地說出自己的想法。他不認為開放之後，一定會天下大亂，況且也並非每一個人都會走法律程序。

　　「所以，我一定要挑戰！要為所有同學的權利，聲申請大法官釋憲！」小明勇敢地說著。

◢ 釋憲案判決結果

大法官會議討論後，認為：「可以，未來只要是學生，統統可以依法對學校提告！」

◢ 釋憲內容

學生和一般人民一樣，擁有言論自由等憲法賦予的權利。不能因為學校是教育現場，就向學生說：「就算學校校規違法，侵害你的身體自主權或言論自由，你也不能捍衛自己的權利，提起訴訟。」大法官認為這是不對的。所以，一般人擁有的訴訟權，學生也應該擁有。

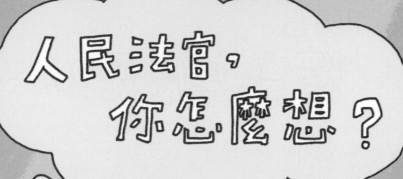

學生的本分就是要接受教育，應該遵守學校的各種規範，不能挑戰學校權威。

對法院提告是憲法賦予人民的基本權利，學生也不例外，應該開放讓學生可以開始對學校進行訴訟。

【B】

大法官，釋憲怎麼說？

❶ 學生的本分只有「服從」嗎？

想請大家先思考，如果你是接受小明釋憲案的大法官，你會怎麼判呢？是認為「學生就是要接受教育，本就應該遵守學校的各種規範，不能挑戰學校權威」，抑或是覺得「對法院提告是憲法賦予人民的基本權利，學生也不例外，應該開放讓學生可以開始對學校進行訴訟」呢？

學生要接受師長的教誨、學習遵守學校和社會的規範，固然沒錯。但是，萬一老師或學校犯錯，對學生進行不合理的規範時，難道我們真的要漠視學生的基本人權，不給他們向法院提告學校的機會嗎？在這樣學生的基本權利上，以及學校的管教的權力，兩邊究竟該怎麼平衡？大法官又會怎麼想呢？

❷ 學生，現在可以告學校！

先說結論，經過大法官會議討論後，認為：「可以，未來只要是學生，統統可以依法對學校提告！」

為什麼大法官會做出如此的判斷呢？

　　大法官認為學生就和一般人民一樣，擁有言論自由等憲法賦予的權利。如果學校校規違法，侵害學生的身體自主權或言論自由，如果學生不能捍衛自己的權利或提起訴訟，這是不對的。所以大法官認為，一般人擁有的訴訟權，學生也應該擁有。

◑ 學校或老師也可能會犯錯

　　在教育現場中，學校或老師也會有犯錯的可能。學校所做的公權力，不一定只會對於學生的「受教權」產生侵害，也有可能產生其他權利的侵害，所以即使不是退學這樣的處分，也應該可以提起相關的訴訟。

法律與反思

　　大法官做出「學生可向學校提起訴訟」的解釋之後，很多人會因此開始擔憂，認為一旦開放讓學生可以提告學校，可能隨時有人會動不動因為不服氣老師的處罰，向法院提告。這當然不無可能！所以大法官也特別提醒，如果學校的行為影響到的只是輕微的權利，例如考試成績只差 1 分，也不會導致不及格；或者是牽涉到學校本身的教育專業領域，法院都應該要給予學校比較高的尊重。

　　另外，大法官會議放寬的，只是學生可以訴訟的權利。至於能不能告學校告成功，最終還是要看法院如何決定。大法官認為，大家可以不用過度擔心。

法律白話文小學堂

這個國家，有一些特殊的人？

再荒謬的情況，也不能提起「行政訴訟」

讓我們先講解一些歷史。

在很久以前的台灣，有很多人是不可以提起「行政訴訟」的。例如，公務員如果被記過，即便理由再荒謬，也不可以提起訴訟。受刑人如若在監獄受到不合理的對待，當然也不能提起行政訴訟。至於學生，在學校受到的任何對待，都是「教育」，就算經歷了不公平、不合理的對待，侵害到自己的任何權益，也當然不能進法院。這樣的概念，在法律上稱作「特別權力關係」。

不過，所謂的「不能進法院」，並非指他們完全不能進行訴訟，而是在針對國家的公權力時，無法對公權力進行「行政訴訟」。也就是說，如果老師不合理對待學生，且有觸犯刑法，學生當然可以對老師進行刑事上的追訴。但是，只要沒有涉及刑法或是民事爭議，就無法對學校的作為或是相關規定提起行政訴訟。

特別權力關係就是指這些具有比較特殊身分的人民，國家可以享受比較大的支配。像是公務員是和國家維持特定關係的身分、受刑人是被國家處罰的對象、而學生是被國家教育的對象，

所以國家對他們做任何行政上的事，都不可提起訴訟。

「特別權力關係」衍生的問題

在以前，受刑人如果要從監獄寄信出去，按照《監獄行刑法》以及《監獄行刑法施行細則》的規定，必須要符合監獄紀律或是題意正確，否則不能寄出去。所以很多受刑人都因此沒有辦法完整表達自己的心情。

不僅如此，受刑人在面對這樣的不公平，是無法請法官來進行裁判的。例如受刑人認為他寫的這封信沒有違反監獄紀律，想請法官來裁判，是沒有辦法的。我們的法律規定就是不允許受刑人提起訴訟，因為身為受刑人，就是應該要被國家好好處罰，當然沒有什麼權利可言，所以任何的不公平，都必須要往自己的肚子裡吞。

為什麼會這樣？當然就是前面所說的「特別權力關係」。對於過去的觀念來說，受刑人本來就要來接受國家處罰的，所以對他權利多一點限制也只是剛好而已。但後來經過釋字 755 、 756 號解釋後，受刑人也可以進行行政訴訟，對於監獄不公平的管理進行挑戰。

　　而學生呢？其實學生現在可以對於學校進行行政訴訟，是經過三號血淚的大法官解釋才換來的。

學生，曾經無法向學校或老師提起訴訟？

莫名被學校退學，卻不能對學校提起訴訟

　　曾經有一名專科生，在他期末考後，學校就在沒有任何明確證據下，直接以他連續作弊為理由，讓他退學。這名專科生非常不服，他提起訴願和行政訴訟都被程序上駁回。有判例直接表示，因為學生和國家是一個「特別權力關係」，這和國家之於一般人民是不一樣的關係，所以學生「完全不可以」對於學校提起訴願或行政訴訟。最後，這位專科生聲請了大法官解釋。

大法官釋字 382 號解釋的來由

　　大法官在釋字 382 號解釋中，就作出了不一樣的說法。

　　大法官認為，對於學生「學籍喪失」是可以向法院進行救濟，因為學生當不了學生，對於他的受教權影響很大。反過來說，如果學校是為了維持學校秩序、實現教育目的必要，因此對學生做一些記過等等的作為，這樣的作為並不會直接侵害受教者的受教權（因為他不會因此喪失學生身分），學生對此作為便不能提起

行政爭訟。

　　簡單來說，如果學生是被退學這種處分，應該允許學生在受教權受侵害的情況下，可以有救濟的機會。因此，那名專科生的案例，實屬違憲。

這樣的解釋，還是有問題？

　　雖然經過釋字 382 號解釋後，學生的問題已經解決一半。已經從過去的完全無法救濟，到現在在特定的情況下（若「喪失學籍」）可以有救濟的管道。

　　但是，這樣真的有解決問題嗎？

　　其實並沒有。

　　有一些狀況還是無法解決的。我們抽象地假設，如果你被學校以非常無理的理由記過，例如，因為你的髮型讓學校的教官不開心，教官就記你兩大過，這樣的記過，因為不會導致學生學籍喪失，所以你便無法向法院請求訴訟。若要爭論這樣的記過是否合理，頂多只能在校內申訴而已。

　　所以，這樣的權利救濟的空缺空間，就產生了其他問題。

張貼海報而產生的爭議

　　曾經有一位研究生蔡同學，在選舉期間想要力挺自己支持的候選人，因此向學校申請在公告欄及海報板，張貼了一張「挺扁海報」。因為適逢選舉期間，學校便表示，蔡同學是違反國家法令，所以否准他申請張貼。

　　蔡同學當然不滿意學校這樣的回覆，所以在校內申訴失敗後，進行訴願以及行政訴訟。

　　問題就這樣來了。

　　根據前述，經過大法官釋字 382 號解釋後，學生對於「喪失學籍」是可以進行訴訟的，但是學校對學生做出「喪失學籍」以外的行為，是無法救濟的。因此蔡同學就在訴願不受理以及行政訴訟不合法被駁回的情況下，聲請大法官解釋。

　　但是，到底要聲請什麼樣的內容呢？

　　在憲法第 16 條的「訴訟權」中所保障的，就是要讓人民可以處於「有權利必救濟」的制度下。所以蔡同學要去爭辯的對內容，不是「他想要貼海報」，而是「他不能貼海報，但『無法』向法院進行訴訟」的狀況。

　　因此聲請大法官解釋的目的，就是希望大法官可以變更釋字 382 號解釋，讓學生在這種非屬退學的狀況，也可以進行訴訟。

釋字 684 號解釋，大法官怎麼說？

在此號解釋中，大法官表示，因為訴願權和訴訟權是憲法第 16 條所保障的。如果人民的權利受損，就應該要讓他們有救濟的機會，不應該因為身分不同，就剝奪他們的訴訟權利。

因此，即便不是「退學處分」，也應該要依處分的內容來判斷。如果該公權力行為，對於學生的受教育權以及其他基本權利有所侵害時，也應該允許學生可以進行救濟，如此才是保障學生的訴訟權。因此，在釋字 382 號解釋中，不允許救濟的部分，應該要有所變更。

大法官解釋到了這，事情結束了嗎？

還沒！

雖然這號解釋看起來解決了問題，但在本質上並沒有。雖然開放「非屬退學」處分也可以進行救濟，但是，大法官只把這樣的權利開放給「大學生」。也就是說，大學生可以針對「退學或是非屬退學」的狀況來進行行政救濟，但是高中生、國中生、小學生，還是只能針對「退學」這樣的處分進行救濟。

因此，這號解釋也引起一些大法官的爭論，他們在意見書中也表達了自己的看法。

什麼是意見書？

　　大法官每次做完解釋後，不代表每一位大法官可能都會贊同結論。這時，每位大法官可以利用「意見書」提供自己的法律觀點。如果大法官不同意解釋的結論時，可以提出「不同意見書」；若只是部分不同意的話，可以提出「部分不同意見書」。反之，如果基本上同意結論，但是不同意論證的過程，或是有一些其他的看法，或是認為結論可以更好，那大法官可以提出「協同意見書」，或是「部分協同意見書」。

　　雖然意見書本身是沒有效力的，但是他的內容可以作為學術或是其他法律使用者參考用，也是相當有價值。尤其有些少數意見的論述十分有力，更有可能成為流傳後世的法律意見。

　　而在釋字 684 號解釋這號解釋中，有幾份意見書認為本次結論做得不夠好，因為有一些問題並沒有得到解決，以下便來介紹兩份意見書的內容。

其他大法官對於釋字 684 號解釋的想法

許宗力大法官：「中小學更是問題所在！」

雖然有些人表示如果法院開放中小學生有訴訟的權利，可能會讓性霸凌事件更難處理，但許大法官他並不這麼認為。許大法官認為在中小學的校園中，也可能會發生性霸凌的狀況，例如「性別平等教育」中的第 13 條，明定學校不得因學生的性傾向而予以獎懲。但是，若學校因學生的性傾向記過，甚至是轉學時，在學生發生這樣的狀況之下，難道不能向法院進行訴訟嗎？學生在中小學這種強制教育的時期，且年紀尚幼，思想、心理素質以及行為都較為稚嫩，不是更應該要有周全的保護嗎？

李震山大法官：「不讓中小學生進行救濟，難以有正當性。」

李大法官則表示，如果仔細檢視中小學的學生權利被侵害的案例，可以發現，學校經常透過留級、曠課紀錄、懲處、髮服禁，甚至對學生性傾向做出不當的處置。在這樣的情況下，如果不允

許中小學生對學校進行救濟，很明顯違反「有權利必救濟」的保障。對於兒童保護而言，難以有其正當性。

後來還是做到了！

在釋字 684 號解釋的不同意見書中，幾位大法官所提出的異議，最後在釋字 784 號解釋中都達成。所以現在不論你是什麼樣的身分的學生──大學生、高中、國中、小學都好，只要你受到學校任何的處分，可能是退學或是非退學的，皆可以進行救濟。

因此，我們也可以說，在「特別權力關係」之下，學生之於學校的部分，算是被打破了，學生也終於擁有一個比較公平的訴訟環境。至於未來還有什麼樣的情況可以進行訴訟，就交給法院來形塑相關的判決吧！

看影片也可以輕鬆學法律！
本章內容影片 QR Code

7
兇手保證就是他！
為什麼還要無罪推定？

事件

明明證據都超明顯，為什麼還要無罪推定？

◀ 事件主角

小模嘟嘟
（死者）

小雅
（嫌疑犯）

小透
（外拍男攝影師）

Kevin
（證人）

◀ 事件時間

民國 104 年 7 月

◀ 事件地點

台北市松山區一處廢棄大樓內

◀ 事件概要

一位平常從事外拍工作的小模「嘟嘟」被發現陳屍在台北市松山區一處廢棄大樓內，死前曾遭到性侵。警方循線逮補到當天約嘟嘟外拍的男子「小透」。自知難逃法網的他，坦承自己就是兇手，但他不斷強調，自己會殺害嘟嘟，都是女友「小雅」一手安排的。因為嘟嘟老是搶走小雅的外拍工作，讓小雅很不爽，小透並聲稱整個犯案過程中，小雅都在現場協助。而這個驚人的命案也在新聞中 24 小時循環播放……。

〔那個女人假惺惺〕

目擊證人指證歷歷

外拍小模「嘟嘟」被發現陳屍在台北市松山區一處廢棄大樓內，死前曾遭到性侵，而警方也查到兇手就是外拍男攝影師小透。在這一起凶殺案爆發之後，攝影師 Kevin 跳出來開了一個記者會，且在記者會上他嚴詞鑿鑿地說：「嘟嘟和小雅都是我認識很多年的模特兒，我今天會站出來接受訪問，是因為真的看不慣小雅在那邊裝無辜啦！」

Kevin 聲稱在 7 月 5 號那天，他因為剛好在松山有個拍攝工作，當他在松山附近找車位的時候，正好看到小透與小雅走進新聞中那棟出事大樓旁的便利商店。Kevin 說，他很清楚看到小透的臉，至於是否真的看到小雅，Kevin 表示雖然他只看到背影，但因為自己不只與小雅合作拍攝過一兩次，且從穿著打扮推估，Kevin 非常確定小雅那天就在凶案現場！

一定是她！

189

假閨蜜,真死敵

根據新聞報導,小雅說嘟嘟是她的閨蜜,她根本沒有動機要殺害嘟嘟。當她得知 Kevin 在記者會上的說法之後非常憤怒,認為 Kevin 所說全都是胡說八道。

Kevin 說:「認識她們兩個的人都知道,這兩個人表面上感情看似不錯,但私底下搶案子搶得可凶了,隨便去打聽看看就知道了。今年年初,聽說小雅還曾經衝到嘟嘟的拍攝現場大哭大鬧,說嘟嘟背叛她,老是在背後說她壞話,害她都接不到案子。」

因為知道這些「業界消息」,所以 Kevin 表示自己在新聞看

到小透說殺人計畫是小雅提出時，雖然震驚但也不意外。畢竟人心隔肚皮，兩個人有怨懟，什麼事都可能發生。

媒體紛紛跟進，小雅已被定罪

在攝影師 Kevin 受訪的新聞發出後，各家媒體也紛紛跟進這個新聞，分別以「逼男友殺死小模！蛇蠍女冷血撇責！」、「都是男友錯！心機女模殺人不眨眼」、「蛇蠍閨密布局，小模遭性侵勒斃」等等聳動的字眼為標題，大肆報導。

我看到了！

否認再否認，澄清再澄清

　　Kevin 向警察信誓旦旦表示有目擊到小雅，小雅對於 Kevin 的指控頗為無奈，她表示自己已經重複說過很多次，在 7 月 5 號當天，她根本沒有與小透出去，更不可能和他一起在那棟廢棄大樓裡殺人。小雅說，那天她自己一個人到東區的百貨公司逛街，逛完便回家了。她也只能相信這些偵查機關調查過後相關的資料，都會移送給法院。

雖然吵過架，但是我們已經和好了

　　小雅承認她和嘟嘟的確曾經有過節，但是那已經是好幾個月前的事了。當時小雅以為嘟嘟跑去跟一些攝影師說她的壞話，聯合大家排擠她。後來的確也有吵架，但是爭吵過後，大家也講開、和好了。小雅說，嘟嘟是她的朋友，她沒有任何理由要殺她。為什麼小透要這樣紅口白牙地胡亂攀扯，她真的無法理解。

連記者也相信了，就算司法還得了清白，但名譽都毀了

小雅生氣地説：「Kevin 反覆地説一些不是事實的話，他連我那天穿什麼衣服都講不太出來。只是一直説看到小透和一個長頭髮的人在一起，光憑這點就能認定那個人是我嗎？長頭髮的人滿街都是，難道滿街都是殺人犯嗎？」説到這裡，小雅滿心委屈，開始啜泣，緩緩地説道：「我也不懂這些記者和媒體為什麼要相信 Kevin。難道這些記者不知道，這樣隨便報導、隨便指控，很可能會害死我嗎？難道是因為女生殺人，劇情比較精采，就這樣不在乎別人的清白嗎？」

◄ 案件判決結果

無罪。

◄ 判決理由

綜合小雅的抗辯及百貨公司的監視器影像也已經可以證實,判定小雅犯罪嫌疑不足,應該判決無罪。

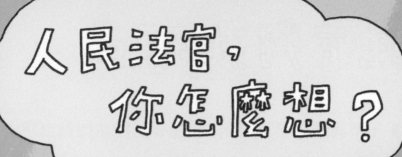

小雅曾和嘟嘟爭吵，確實有殺人動機，又有目擊者證詞證明她曾在案發現場出沒，嫌疑重大。

不管是小雅對嘟嘟的不滿情緒，或者是 Kevin 的目擊證詞，都沒有明確證據，應該暫時排除小雅的嫌疑。

法官判決理由

◑ 不管媒體怎麼報，法官還是要依照證據做出判決

本案為社會矚目案件，在偵查過程中，已經有大量媒體報導，把故事說得鉅細靡遺，彷彿大家都對整個案子瞭若指掌。但是，根據刑事訴訟法第 154 條的規定：「被告未經審判證明有罪確定前，推定其為無罪。犯罪事實應依證據認定，沒有證據不得認定犯罪事實。」也就是說，法院的審理，是一定要看證據的，不能光憑嫌犯或目擊者單方面的說法，就決定誰犯罪。

◑ Kevin 看到的不是小雅，而是一名住附近的住戶

首先，目擊者 Kevin 雖然宣稱看到小雅和小透一起出現在附近的便利商店，但調閱監視器之後，發現 Kevin 看到的只是跟小雅背影相似的女性。而那名女性經過調查，是住在附近的住戶。其次，在本案發生的前後時間，案發地點的大樓監視器都沒有看到小雅出現。現場 DNA 和相關指紋的採集，也沒有小雅的痕跡。

○ 小雅說的是真的

　　最後，根據小雅本人的說法，案發時間她自己一個人在百貨公司逛街，關於這一點，百貨公司的監視器影像也已經可以證實。所以根據以上證據，法官判定小雅犯罪嫌疑不足，應該判決無罪。

法律與反思

　　在法院判決之前矚目的社會案件總是會引起大家的譁然，但是如果在案件尚未確定前，輿論就先判了無辜的人有罪，那不管是後來檢察官作出不起訴處分或是法院作出無罪判決，那意義都將變得很小。新聞事件一發生後，從法律轉換到新聞的過程，很可能只是透過一句「相關情況檢警將展開調查」。然而，檢警開始調查並不等於一個人有罪，因為調查結果很可是子虛烏有，或是兇手另有其人的情況。

　　若將整個刑事訴訟的程序理解為「偵查程序」與「審判程序」，而「偵查不公開」所存在的意義，不僅僅是透過偵查期間的祕密進行，也能讓偵查能進行得比較順利。同時，能作為日後審判時，避免影響法官裁判，且得以實踐無罪推定原則的重要基礎。

⭕ 刑法第 271 條第 1 項 殺人罪

殺人者，處死刑、無期徒刑或十年以上有期徒刑。
前項之未遂犯罰之。
預備犯第一項之罪者，處二年以下有期徒刑。

> 法律白話文

殺人罪，就是客觀上有殺人的行為。不管是刀、槍、拳頭，並且因為殺人的行為，造成死亡的結果，而被告在主觀上也知道自己在殺人，也想要這樣做。

⭕ 刑事訴訟法第 154 條第 2 項 證據裁判主義

「犯罪事實應依證據認定之，無證據不得認定其犯罪事實。」

> 法律白話文

刑事訴訟強調要依照證據作裁判，被告未經審判證明有罪確定前，皆推定為無罪。犯罪事實應該依證據認定，沒有證據不可以認定犯罪事實。法院的審理，是一定要看證據的，不能光憑嫌犯或目擊者單方面的說法，就決定誰犯罪。而這個證據也不是什麼證據都可以。對於認定被告到底是否有犯罪事實的認定，須以法律上具有證據資格的證據。例如，沒有經過不正當方法訊問取得的證詞，以及經過法院合法的調查才可以當作判斷被告是否有罪的證據。

概念 1

為什麼要有「無罪推定」原則？

權力分立的觀點

在現代的民主社會中，不管是三權分立還是中華民國的五權分立，這樣的分立機制在於透過權力間的監督制衡，降低權力集中的可能性，以達成人權保障。在這個概念底下，憲法對於司法權——特別是刑事法法官的期待，除了維持法秩序外，也希望透過司法權來達成人民權利的保障。基於「權力分立」的觀點，無罪推定原則可以成為一種控制閥，讓法官在追求刑法的正義時，也得以繼續行使憲法所賦予的制衡行政權的立場。藉由「無罪推定」的前提，可以避免司法審判淪為再次偵查、追求發現真實的另一個行政權。

避免寧枉勿縱

「寧可錯殺一百，也不可放過一個」是社會大眾在面對危險因子的危機時，往往會有的選擇。然而，這樣的「正義」除了會造成一個又一個的冤枉者，也會造成人民不信任機制。所以藉由無罪推定原則，除了可以降低冤案的情況，也可以使整個機制受到信賴與順利運作。

刑事訴訟目的的多元化思考

國家透過「一定的方式」找出犯罪案件的真相，將犯罪的人揪出來，並將罪犯定罪，也可繼續維持社會序的安寧。所謂「一定的方式」，在法律上的專有名詞就是「刑事訴訟」。刑事訴訟的目的除了「發現真實」以外，基於歷史的演進，人們發現在發現真實的過程中，往往會無所不用其極，為了取得想要取得的證據。這樣的不擇手段不僅違反人民的基本權利以外，也常常使人們離真相愈來愈遠。

所以除了發現真實以外，「人權保障」也納入了近代刑事訴訟目的的思考，而「無罪推定」的概念及因其衍伸的訴訟方式則恰恰可以達成「人權保障」的刑事訴訟目的。

概念 2

什麼時候有無罪推定原則這個概念的？

追溯無罪推定的歷史

　　無罪推定原則其實很早就存在了，可以說是老祖宗智慧。若要追溯無罪推定的來源，最早可以追溯至羅馬帝國的圖拉真皇帝（Trajan）的詔書中。圖拉真皇帝為了避免基督徒受到非基督徒的匿名指控定罪，在詔書中就曾表示：「國家不受理匿名控訴」，再搭配當時羅馬法中對原告無法證明控訴屬實的處罰規定，與詔書公布後要求加強控訴人出庭作證等舉證責任等等，都勾勒出「無罪推定」的圖像。

從貝卡利亞到法國人權宣言，再到世界人權宣言

　　十八世紀啟蒙運動的現代刑法學之父、義大利學者貝卡利亞（Cesare Beccaria）所著的《犯罪與刑罰》一書中，針對嚴刑逼供，提出無罪推定理論：「有罪判決作出前，任何人均不得被稱為罪犯」。一直到 1789 年法國人權宣言第 9 條中明示：「任何人受有罪判決前，均應被推定為無罪」，後續在 1948 年的聯合國決

議通過的「世界人權宣言」第 11 條第 1 項也揭櫫「凡受刑事控訴者，於未經獲得辯護上所需的一切保證的公開審判而依法證實有罪以前，有權被視為無罪。」。

　　歐洲人權公約第 6 條第 2 項、公民與政治權利國際公約中的第 14 條第 2 項也都有相類似的規定。我國則是在刑事訴訟法第 154 條規定：「被告未經審判證明有罪確定前，推定其為無罪。犯罪事實應依證據認定之，無證據不得認定犯罪事實」。

罪疑唯利於被告原則

　　用來證明被告是否有罪的事實情節有疑慮的時候，且尚無法判定被告是否有罪，此時法官應該作出對被告有利的認定。透過無罪推定原則，可以減低司法錯誤的發生，進而達成法官公平審判。也能讓被告在刑事程序中面對強勢的國家權力之時，增進刑事程序中的人權保障。

武器平等原則

　　因為偵查機關的力量過於強大，所以避免被告因為偵查機關濫用權力，也避免被告受到不正義的對待（例如，避免過度處罰，或體系失靈而冤枉無辜的人民），在制度上會賦予被告受辯護的權利。透過替被告增加些許的「防禦能力」，可以達到被告與控訴方（檢方）雙方的武器平等。

概念3

因為無罪推定原則而衍伸出的訴訟制度

排除預斷原則

為了讓被告接受無罪之推定，法官在審判時不可以預先認定被告有罪。過去的訴訟型態是採取「糾問主義」，也就是調查證據的起訴者，同時也扮演著審判者。在許多影視作品中，我們雖然可以看到如包青天或柯南一樣擁有超能力的調查能力，還可以公正審判。然而，現實的審判的歷史經驗告訴我們的是，糾問制度中的審判者會因為親自調查證據而產生被告犯罪的預斷。因調查者同時也為審判者，所以他對於自己偵查過程中的錯誤往往較不會輕易承認，且一人同時分飾兩角的情況，往往造成權力的濫用與腐敗。也因如此，近代的審判制度，便從過去的糾問主義走向「彈劾主義」，從兩面關係變成三面關係後，由審判方扮演獨立的角色，便可客觀判斷控訴方（檢察官）所提出的證據及被告的抗辯，透過彈劾主義，也可以解決過往糾問制度中法官判斷事情獨斷的問題。

控方舉證

　　而當審判制度從從糾問主義走向彈劾主義，因為被告先會被推定為無罪，而為了打破這個推定，檢察官則需要對被告提出有罪的主張。此時，檢察官則需要在審判中負擔證明被告有罪的舉證責任。不過，我們的刑事訴訟程序也要求檢察官，關於被告的證據不論是有利或不利，一律都有需要特別注意的義務。例如，本章所提的案例中，偵查機關在偵查的時候，也需要負擔蒐集對小雅有利的證據，假設證據不足以達到起訴門檻，也就是「有罪判決的高度可能」，檢察官必須做出不起訴的處分。

看影片也可以輕鬆學法律！
本章內容影片 QR Code

羈押跟無罪要求的程度是一樣的嗎？

　　羈押的目的，在於保全刑事追訴、審判及刑罰的執行，或是預防被告反覆實行同一犯罪行為，而危害社會安全。這也就是說，羈押與有罪或無罪是兩回事。有無羈押的必要，屬於事實問題，法院必須依法認定及裁量的職權。判斷是否需要羈押的原因，不必像證明有罪一樣，（例如，需要對證人的證詞進行交互詰問等調查手段），只需要綜合卷證資料，調查方式並不受嚴格限制。

8 沒有搜索票
就跑去抓壞人，
不行嗎？

事件

沒有搜索票就跑去抓壞人，不行嗎？

◢ 事件主角

林純警官　　　張家銘　　　捲毛

◢ 事件時間

民國 91 年 5 月 10 日下午

◢ 事件地點

S 大學生宿舍

◢ 事件概要

民國 91 年 5 月，新竹縣的警方接到一通檢舉電話，指出 S 大的學生宿舍中，有學生非法下載院線電影。為了打擊盜版，我國優秀的警察人員林純，立刻以迅雷不及掩耳的速度，進入 S 大的宿舍進行搜索！這種無預警突襲犯罪現場的策略，果然大有斬獲，當場就查扣了 5 台含有盜版影片的電腦。

〔不速之客闖進宿舍，
強行帶走五台電腦〕

午後的電影賞析，竟遭警方破門而入

民國 91 年 5 月 10 日午後，張家銘和捲毛等幾名宿舍好友，因為剛好沒課，相約在宿舍一起看電影，大家好不容易經過一番爭執，才決定要看一部剛上映的院線大作。張家銘見大家取得了共識，便熟悉地打開了電腦，到了一個不知名的網站，開始下載高清版影片，一行人開始邊享用著零食邊看電影。

同一時間，新竹縣警局的電話響起，電影片商向警察報案，說 S 大學宿舍中，疑似有學生「正在」下載盜版電影，請警方協助。嫉惡如仇的林純警官接獲通知後，立刻帶隊前往 S 大學宿舍，他知道盜版電影只要看完，刪掉檔案後就再也抓不到犯人了，為了不要讓犯罪證據消失，他選擇不要浪費時間聲請搜索票，直接以迅雷不及掩耳的速度前往案發現場，希望可以人贓俱獲。

宿舍內，張家銘一群人看著電影，正演到精彩之處，沒想到突然「碰！」的一聲，身穿制服的林純警官就衝了進來，劈頭就指著電腦螢幕說：「這是不是盜版影片？」

敢做敢當是我張家銘

就在大家兵荒馬亂之際，張家銘心想，我一人做事一人當，沒必要牽拖其他同學，既然都被抓了就只好乖乖受罰，於是當下就點頭承認：「我有下載盜版電影。」

在場沒有人的電腦可以躲得了！

　　沒想到，正當同學們都在替張家銘緊張的時候，林純警官為了要確定盜版影片的源頭，眼看在場還有其他一起看電影的同學，把心一狠，竟然二話不說，開始大動作搜索宿舍。不管眾人的抗議，林純警官甚至直接要求在場每個人都要把電腦打開讓他檢查，連隔壁房的室友也不放過。終於把每個人的電腦都看了一遍後，林純警官不管三七二十一，沒有給出任何說明或解釋，當場直接搬走了五台電腦，留下在場學生們瑟瑟發抖，面面相覷。

是警察還是搶匪？

　　張家銘雖然承認下載盜版電影，但是面對警察蠻橫不講理的搜索行為，還是激動地表示：「難道這樣不會太過頭嗎？」一旁的同學捲毛也說，當時警察並沒有看到其他人有在下載盜版電影，怎麼可以在沒有任何證據的情況下，把所有人都當犯人看待？難道警察辦案都不用先問清楚，不分青紅皂白一律把在場的人都當作嫌疑犯，不但亂搜索其他人的電腦，甚至還直接搬走大家的電腦，這樣的行為跟搶匪有什麼兩樣？

絕不能讓犯人逍遙法

　　林純警官卻認為當時是為了要與時間賽跑，避免關鍵的證據遺失。事後也證明張家銘等人就是在下載盜版影片，如果這麼罪證確鑿的事情還不能夠定罪，又怎麼能給這些不尊重著作權的學生一些教訓呢？辦案本來就有緊急狀況，過程中的瑕疵並不能掩蓋張家銘等人的犯罪行為，他認為警察的作法並沒有未違反任何法律。

警察不應該亂槍打鳥

　　張家銘還表示，警察辦案時只是要調查可能有下載盜版電影的人，雖然他們有錯在先，但是警察有必要直接衝進宿舍中把大家的電腦都檢查一遍嗎？在沒有證據就把在場所有人都當作嫌疑犯，用地毯式的搜索方式來檢查學生宿舍，難道不會太過分嗎？張家銘說：「宿舍也是我們的家，難道警察可以進去誰家就可以衝進去嗎？」

　　警察在沒有取得搜索票的情況下，進入宿舍中大肆搜索，因此取得的電腦，能不能在法庭上作為證據使用呢？

◁ 案件判決結果

法官認定林純警官未依刑事訴訟法規定向法院聲請搜索票，就衝進 S 大學宿舍搜索的行為，屬於違法搜索。也因此，所取得的電腦屬於違法證據，不具有證據能力，因此在本案不得作為證據使用。

◁ 判決理由

對於違法搜索所取得之證據，除法律另有規定外，為兼顧程序正義及發現實體真實，法院於個案審理中，應該就個人基本人權之保障及公共利益的均衡維護，依比例原則及法益權衡原則，給予客觀的判斷，換句話說，法院應該就警察違背法定程序之程度、警察是不是故意違法、當時是否有緊急或不得已之情形、侵害犯罪嫌疑人權益之種類及輕重、犯罪所生之危險或實害等因素，來決定違法取得之證據是否有證據能力。

在本案中，法院認為警察即便是要搶時間，刑事訴訟法也有緊急搜索的制度可以供警察使用，但是本案中看不到有走漏風聲的風險，也沒有任何情報說犯人正在刪除證據，如果警方只是因為貪圖方便，就捨棄聲請搜索票，直接衝進學生宿舍搜索，對於人民的侵害過大。警方的搜索行為應屬違法搜索，電腦則是非法取得的證據，當然就不能當作證據使用。

人民法官，你怎麼想？

辦案就是要這樣，犯人哪有什麼人權，犯法的就應該統統抓起來，被查到的電腦當然可以作為證據使用。

警察在搜索時還是要依照一定的程序，不可以罔顧人權，如果沒有依照法律程序取得的證據，就是不法取證，當然不能作為證據使用。

法官判決理由

　　法官在進行證據的取捨時，常常需要多方面分析，了解各種線索與情況，才能判得合情合理又合法。法官在考量本案的以下幾條關鍵理由後，才判斷警察取得的電腦不能作為證據使用。

　　第一，警察進行搜索時並未取得搜索票。一般而言，要進行搜索時，應先由警察先向檢察官報請許可，檢察官確認後，會再向法官聲請核發搜索票，但是本案林純警官並沒有向檢察官報請許可，也沒有向法官聲請核發搜索票，所以警察在本案中的搜索行為屬於「無令狀搜索」。

◑ 本案不符合同意搜索、緊急搜索、逕行搜索的要件

　　第二，法律上其實有例外承認無令狀搜索取得的證據，分別是被搜索人自願性同意的同意搜索、證物可能會不見或被偽造的緊急搜索，以及為了保護警察人身安全的逕行搜索。不過在本案中，都沒有符合這些情況，所以警察的行為不算是「合法的」無令狀搜索，而屬於違法搜索。

❶ 違法搜索證據的排除並不是絕對

　　法官也表示，強制處分之搜索，足以侵害個人之隱私權及財產權，如果為了追查犯罪之目的而漫無限制，讓警察可以不擇手段的搜查，對於人權之保障，則有所不足。因此，基於維持正當法律程序、司法純潔性及抑止違法偵查之原則，才會要求警察不

可以任意違背法定程序實施搜索。至於違法搜索所取得之證據，如果不分情節，一律以程序違法為由排除證據能力，造成許多與事實相符的證據，毫無例外地被排除不用，可能使犯人逍遙法外，這樣的想法也與國民感情相悖，不能被社會所接受，也會影響審判的公平正義。

◑ 證據的排除是經過多方考量

對於違法搜索所取得之證據，為兼顧程序正義及發現實體真實，法院於個案審理中，應該就警察違背法定程序之程度、警察是不是故意違法、是否有緊急或不得已之情形、侵害犯罪嫌疑人權益之種類及輕重、犯罪所生之危險或實害等因素，以決定違法取得之證據是否有證據能力。綜合以上，法院認為當時警察的搜索行為屬於違法搜索，且經查是故意不向法院聲請搜索票，對於犯罪嫌疑人的權益侵害嚴重，所以判定相關違法搜索取得之證據，應該在本案中排除使用。

法律與反思

搜索與人權保護的平衡

　　在此案中，雖然我們都知道警察這麼做是為了盡快抓到犯人，但正因為國家的權力很大，如果讓警察可以自行決定什麼時候要搜索、搜索範圍有多大，而沒有一個中立的程序做審核，那等於是讓警察可以為所欲為。這樣一來，警察是不是就可以隨便闖進你家搜索你的房間，而人民也變成任人宰割的魚肉了？

法律白話文 小學堂

本章涉及法條！

刑事訴訟法第 128 條之 1 搜索票的聲請：

偵查中檢察官認有搜索之必要者，除第一百三十一條第二項
所定情形外，應以書面記載前條第二項各款之事項，並敘述
理由，聲請該管法院核發搜索票。

司法警察官因調查犯罪嫌疑人犯罪情形及蒐集證據，認有搜
索之必要時，得依前項規定，報請檢察官許可後，向該管法
院聲請核發搜索票。

前二項之聲請經法院駁回者，不得聲明不服。

法律白話文

不管是檢察官或是警察，如果要進行搜索，除了符合刑
事訴訟法第 131 條第 2 項的情形外，都要把相關事由向
法院報告，並向法院聲請核發搜索票，拿到搜索票後，
檢察官或警察才可以繼續進行搜索。

刑事訴訟法第 130 條 逕行搜索：

檢察官、檢察事務官、司法警察官或司法警察逮捕被告、犯
罪嫌疑人或執行拘提、羈押時，雖無搜索票，得逕行搜索其
身體、隨身攜帶之物件、所使用之交通工具及其立即可觸及
之處所。

檢察官或警察在合法逮捕犯人時，為了確保檢察官或警察的人身安全，以及避免犯人銷毀證據，可以在無搜索狀的情況下，直接搜索犯人的身體、隨身攜帶的物品、所使用的交通工具及犯人可以立即觸碰到的地方。

○ 刑事訴訟法第 131 條　緊急搜索 ：

有左列情形之一者，檢察官、檢察事務官、司法警察官或司法警察，雖無搜索票，得逕行搜索住宅或其他處所：

一、因逮捕被告、犯罪嫌疑人或執行拘提、羈押，有事實足認被告或犯罪嫌疑人確實在內者。

二、因追躡現行犯或逮捕脫逃人，有事實足認現行犯或脫逃人確實在內者。

三、有明顯事實足信為有人在內犯罪而情形急迫者。

　　檢察官於偵查中確有相當理由認為情況急迫，非迅速搜索，二十四小時內證據有偽造、變造、湮滅或隱匿之虞者，得逕行搜索，或指揮檢察事務官、司法警察官或司法警察執行搜索，並層報檢察長。

前二項搜索，由檢察官為之者，應於實施後三日內陳報該管法院；由檢察事務官、司法警察官或司法警察為之者，應於執行後三日內報告該管檢察署檢察官及法院。法院認為不應准許者，應於五日內撤銷之。

第一項、第二項之搜索執行後未陳報該管法院或經法院撤銷者，審判時法院得宣告所扣得之物，不得作為證據。

如果是檢察官或警察有足夠的證據確定犯人就在房子裡，或是要調查的證據有可能會被銷毀的可能（例如，如果警察或檢察官不趕快搜索，證據很可能會被犯人銷毀），此時，檢察官或警察就可以在沒有取得搜索票的情形下，直接進行搜索。不過，搜索完之後還是要向法院報告。如果沒有在三天內報告，或是事後被法院撤銷的話，當時所搜索到的物品，法院是可以判定不得在案件中做為證據使用的。

⭕ 刑事訴訟法第 131 條之 1 同意搜索：

搜索，經受搜索人出於自願性同意者，得不使用搜索票。但執行人員應出示證件，並將其同意之意旨記載於筆錄。

如果檢察官或警察在出示證件後，得到被搜索人自願同意被搜索的話，檢察官或警察也可以不需要向法院聲請搜索票。

❶ 刑事訴訟法第 158 條之 4 違法取證的權衡：

除法律另有規定外，實施刑事訴訟程序之公務員因違背法定程序取得之證據，其有無證據能力之認定，應審酌人權保障及公共利益之均衡維護。

法律白話文

對於檢察官或警察違法取得的證據，在法庭上能不能作為證據使用，法官應該要仔細斟酌當事人的人權保障，以及社會大眾公共利益的平衡。

如果要求第一線人員一定要向法官聲請搜索票後才能進行搜索，很有可能就會讓犯人僥倖脫逃，證據也很有可能被刪除或被銷毀。因此法律也有例外規定，希望可以在偵查犯罪與人權保障之間取得平衡。

什麼是「令狀搜索」和「無令狀搜索」？ 為什麼要有不同做法？

什麼是「搜索」？

所謂的搜索，是指對於被告或犯罪嫌疑人的身體、物品、住宅或是其他處所所做的強制處分，目的是為了要發現被告本人、犯罪證據或是其他可以沒收的物品。

令狀搜索 VS. 無令狀搜索

根據搜索時是否需要「搜索票」，可以進一步分為「令狀搜索」及「無令狀搜索」。由於搜索會侵害到被告或犯罪嫌疑人的隱私權、自由權、居住權或財產權等權利，對人民的侵害較大，因此法律規定是以「令狀搜索」為原則（持有搜索票的搜索），「無令狀搜索」為例外。簡單來說，法律是希望藉由較為中立的法官審查是否有進行搜索的必要性，藉此達到初步保障人權的效果。

無令狀搜索的情況

警察在辦案的時候，常常會面對瞬息萬變的情況，有時候必須要附帶搜索。附帶搜索是指檢警在合法逮捕或拘提犯人後，為了保障檢警人員的人身安全及避免犯人第一時間破壞證據，雖然執法人員可能沒有搜索票，但是法律特別允許執法人員可以直接搜索犯人的身體（可以搜索身體表面，但是不能採集犯人的唾液、血液等）、隨身攜帶的物品（例如背包、皮夾，或是已經上鎖的行李箱）、所使用的交通工具以及犯人可立即觸碰到的地方。

緊急搜索

緊急搜索原則上是為了逮捕犯人，如果檢察官或警察依據消息，認為犯人有相當高的機率就藏匿在屋內，甚至是發現屋內有人「正在」犯罪且情況緊急，這時候雖然執法人員沒有搜索票，但是法院卻例外允許檢察官或警察可以直接搜索住宅或是其他處所。

另外，如果檢察官偵查中依據現場各項情況判斷，認為情況急迫，如果不馬上進行搜索的話，證據可能在二十四小時內可能有被偽造、變造、湮滅或是隱匿的可能，這時候檢察官也可以親自或是指揮警察直接執行緊急搜索。

不過，因為緊急搜索沒有事先向法院聲請搜索票，為了避免緊急搜索的制度被濫用，法律特別規定檢察官或警察在緊急搜索完後，要在一定期間內向法院陳報，如果法院事後審查認為緊急搜索不符合需求或規定，可以撤銷搜索處分。如此一來，原本檢察官或警察做的緊急搜索就會變成違法搜索。

同意搜索

　　同意搜索是指被搜索人在執法人員出示證件表明身分之後，被搜索人自願同意執法人員進行搜索行為。但是搜索的範圍應該以被搜索人同意的範圍為限，不可以無限上綱。

違法搜索的證據一定都沒有辦法用嗎？

其實法院也知道，現場辦案跟想像中不一樣，如果對於程序上有小瑕疵的證據，都一律直接排除使用，以偵查犯罪的角度來說，很有可能就會使犯人逍遙法外，增加第一線執法人員的困境。

所以對於違法搜索取得的證據，法院應該要兼顧程序正義及公共利益，實務上因此發展出以下的判斷標準，以決定違法搜索所取得的證據能不能作為證據使用：

（一）違背法定程序的程度。

（二）違背法定程序時的主觀意圖（意思就是，實施搜索、扣押之公務員是否明知違法並故意為之）。

（三）違背法定程序時的狀況（程序之違反是否有緊急或不得已之情形）。

（四）侵害犯罪嫌疑人或被告權益的種類及輕重。

（五）犯罪所生的危險或實際傷害。

（六）禁止使用證據對於預防將來違法取得證據的效果（禁止使用目前該違法取得的證據，是否可以預防偵查機關未來違法取得證據的效果）。

（七）偵審人員如依法定程序，有無發現該證據之必然性。

（八）證據取得之違法對被告訴訟上防禦不利益的程度。

違法搜索取得的證據不一定無效

　　如果檢察官或警官沒有依法取得搜索票進行搜索，法官便會依照上述八個判斷標準來評斷是否採用違法搜索來的證據。如果法官認為檢察官或警察的搜索過程雖然有瑕疵，只是因搜索過程中產生突發狀況，不需要透過禁止使用該違法取得的證據，來預防偵查機關再度違法的急迫需要。

　　另一情況是，如果法院認為執法人員的違法搜索固然對被告的一般行動自由、財產權及隱私權等相關基本權有所侵害，但是執法人員違法取得的證據對被告在訴訟上防禦並不會造成不利的影響，其違法搜索的手段和執行情形也沒有逾越手段與目的的正當性，且被告所犯下的罪刑，對國家與社會危害程度較嚴重，在多方面評估之下，還是會認為違法搜索的物證有證據能力，可以作為判案證據的使用。

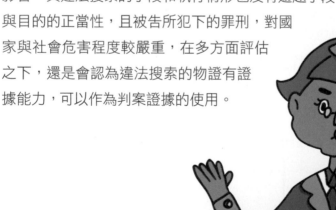

概念3

搜索地點是「大學」，沒有什麼特別的地方嗎？

警察應該要由校方人員陪同才可以進入校園

　　根據內政部警政署頒布的「警察人員進入校園執法相關機制」，為了尊重校園自主及自治的精神，如果警察要進入校園中偵辦刑事案件，在進入校園之前，應該先通知校方的聯繫窗口（需主任祕書或學務主任以上的層級）。執法人員在取得校方同意之後，且要在校方代表人員陪同之下才可以進入校園進行偵辦。

　　如果是校方要避免校園死角發生恐嚇等校園暴力或違法事件，也可以由校方主動請求警察進入校園協助巡查。

大學自治與警察權

　　雖然上述警政署所討論的範圍是「校園」,並沒有特別指「大學」,但是學理的討論上通常會聚焦在大學,因為法律賦予大學的任務與國、高中不同。一般我們認為大學享有大學自治,大學法第 1 條即開宗明義揭示:「……大學應受學術自由之保障,並在法律規定範圍內,享有自治權」,可見學術自由與大學自治密不可分。

　　在大學自治原則下,除了強調大學內部之教育研究自由外,還包括大學內部管理的自主權,包括人事權、校園管理、學生管理及財政自治等。所以大學基於在校園管理的自主權,可以排除外界干擾,拒絕軍警進入校園,以捍衛學術自由及大學自治。

　　以《國立臺灣大學組織規程》第 59 條為例,明確規定:「除本大學駐衛警察外,軍、警未經校長委請或同意,不得進入校園,但追捕現行犯者,不在此限。」

軍警不得進入校園的明文化？

　　不過上述提到的「軍警不得進入校園」規範，終究只是校方的行政慣例或雙方的默契，內政部雖然有頒布上述所提的相關機制，但終究不是法律，可能沒有辦法完全保護大學自治不受破壞。

　　在 2019 年發生香港警察進入大學校園與學生發生激烈衝突後，便有人倡議應將「軍警未得同意不得進入校園」應該明白寫入大學法，並且建立完善機制。例如，軍警是否介入不應該單純由校長（或單一高層）來決定，大學的主體還包括了教師與學生，應該要由他們成立「諮詢小組」，並開會決議。只是在遇到緊急情況時，先由校長優先裁量，在事後也必須接受校務會議的檢驗，並且對任何有違反大學自治精神的決定負起全責。

看影片也可以輕鬆學法律！
本章內容影片 QR Code

9 恐怖情人相愛相殺，法律何解？

事件

恐怖情人相愛相殺，法律何解？

◀ 事件主角

真真

阿文

◢ 事件時間

民國 103 年 9 月 22 日
6：57 上午

◢ 事件地點

台北市松山區某巷子交叉口

◢ 事件概要

22 歲的真真，發現男友阿文有點「恐怖」。阿文不斷以死亡威脅想要分手的真真。在他倆前往日本旅遊試圖挽救感情的期間，阿文仍懷疑真真劈腿，且偷拍性愛影片威脅真真，甚至疑似向真真透露殺機。

「說到做到」的阿文，最後留給真真的，是頭部、頸胸部及手腳至少 47 刀。

我愛妳，最後殺了妳

♀ 恐怖情人相愛

讓人喘不過氣的愛

阿文與真真於民國 103 年 7 月結識，兩人很快並墜入愛河。但是，真真在交往期間發現阿文對她有極大的控制欲，偷看手機、日記本，翻閱發票的時間、地點和金額藉此推測真真的行蹤，常常懷疑真真是不是對他不忠，常常疑神疑鬼。日子久了，真真也意識到雙方個性不適合，再加上相處細節的壓迫和不舒服。於是，真真被阿文的愛逼迫得喘不過氣，想要結束這段感情。

剪不斷、理還亂，性侵、裸照樣樣來？

感情降到冰點的倆人，還是決定一起去日本旅遊，想對這段關係做出最後的掙扎，希望可以藉由出遊，找回當初相識、相戀的感覺。但是，不想發生性行為的真真，不但在他們下榻的住宿處被阿文性侵，甚至被偷拍裸照。

從日本回國之後，倆人正式分手告終，但是阿文對真真還是難分捨。當阿文知道真真和他分手一個禮拜之後，就連續幾天跟異性出去約會。痛苦與氣憤的他，不懂自己這麼努力付出，為何仍受到如此對待，更添愛恨交雜的情緒。

得不到妳，就要毀了妳？

　　兩人分手之後，阿文開始對真真進行約兩週的跟蹤、騷擾、侵入住處及恐嚇。阿文對真真說：「還記得手機裡的裸照嗎？跟我做愛，我就把裸照刪除。」

　　「為什麼你要讓我這麼害怕」、「你想毀掉我嗎」、「在日本都想殺人了」……兩人的對話紀錄，以及那天晚上阿文在超市買的刀，再加上事發前一天的訣別書：「一命償一命」、「想回到過去，這次不會再分開。阿文 & 真真絕筆」。如此多的線索，是否透露暗藏的殺機？

就算是屍體，還是想親吻妳

　　早上 4 點驚醒的阿文，難以平復心情，背上包包，裡面裝著超市買的刀，前往真真上班都會走的那條路。

　　那天，有路人看到一位男子在親吻一個躺在地上的女子，而女子的身上都是血。

〔遇上恐怖情人，
  法律只能等到出人命嗎？〕

家暴受害經驗，影響依附關係

　　根據阿文的心理鑑定結果發現，其實阿文過往有家暴受害經驗，並且影響阿文與他人互動的依附關係。阿文的父親酒後會暴怒、體罰兒子以宣洩壓力，造成阿文某種程度的心理創傷，在心裡埋下「我沒有做錯事，為什麼要對我這樣」的疑影。阿文在成長的歷程中，經由社會學習（social learning）的方式，學習到父親衝動、暴怒，然後再後悔道歉的因應模式。

性暴力加害者之犯罪循環路徑

　　性暴力加害者其實有其犯罪循環路徑，當其感受到壓力的時候，會產生負面情緒，進而衍生出扭曲認知。在扭曲認知的發酵之下，性暴力加害者往往也會在這樣的情緒下產生預謀犯案的想法，若其負面情緒以及扭曲認知也未能及時得到抒發及解決，便很有可能犯案。

【犯罪循環路徑圖（以阿文真真案件為例）】：

感受到壓力	產生負面情緒	扭曲認知	預謀犯案	犯案
真真準備想和阿文分手	「我對妳那麼好，妳為什麼要這樣對待我？」	當我們發生性行為後，我們也可能就會和好如初／我要妳用性來補償我的損失	準備性侵	性侵

「愛不是占有，也不是被占有，愛只在愛中滿足」

高院更一審法官也在判決書中提到，印度詩人泰戈爾所說的一句話：「愛不是占有，也不是被占有，愛只在愛中滿足」，法官認為從此案可以窺知，阿文內心誤把占有當成愛，且任由占有欲滋長，最後鋪天蓋地吞噬阿文的理智，演變成殺死真真再自殘，造成感情無可挽回的局面，因此陪葬兩個家庭幸福的悲劇。

加害者的加害背後成因，不是受害者受害的理由

當然，縱使阿文加害成因部分來自其受害之經驗，但是加害者的加害的理由及其背後成因，從來不是受害者權利爭取及受到保障的理由。在親密關係中，雙方因互動而衍生出擁有、控制並支配彼此的心態，我們應該時時反思以及檢視，是否發展出不對等的權力關係。

◁ 案件判決結果

一審法官依殺人罪、強制性交罪、侵入住宅罪等罪，判處無期徒刑，終身褫奪公權。高院更一審認為阿文與被害家屬和解，減為 15 年徒刑；惟高院更二審表示，阿文是預謀殺人且過度殺戮，仍判無期徒刑（案件目前上訴至最高法院審理中）。

◁ 判決理由

一審的法官認為，阿文在犯案時，在辨識自己所犯下的違法行為，並沒有因為心理狀態或情緒等症狀造成明顯降低的情況，且阿文殺害真真的過程中，仍持續表示：「我這麼用生命愛妳，妳卻這樣對我，妳為什麼可以這樣騙我」等道德判斷的陳述。再者，阿文過去生活在家庭暴力陰影下，導致阿文被診斷出有邊緣型及依賴型人格障礙特質，法官認為可以透過精神科或心理治療，尚能修正阿文的行為，不是沒有教化的可能性，因此將阿文監禁隔離以悔悟省思。

高院更一審法官則採信阿文稱殺害真真後確實一心尋死，也上網找自殺方法，並非用刀背砍自己。況且，阿文也與被害家屬和解，應減為 15 年徒刑。

高院更二審的法官卻認為，更一審並未進一步調查阿文砍傷自己時用的是刀背抑或是刀刃，著實不妥。而且，從證據資料顯示阿文是預謀殺人，縱使和解也無法彌補阿文過度殺戮的犯行。

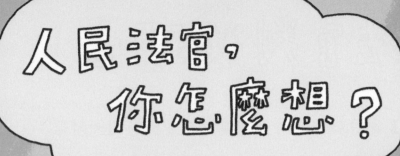

阿文的人格障礙特質，以及與被害家屬和解的悔意，尚有教化可能性，應減刑。

阿文應該要為自己感情的偏差價值及過度殺戮的行為負責，應判處無期徒刑。

法官判決理由

◑ 阿文於犯案時，辨識行為並沒有明顯降低

一審及更一、二審的法官皆認為，阿文在訊問時坦承：「有像電影情節一樣用手去闔她眼睛，但沒有闔上，我怕她不瞑目，我就一直對她道歉」等等的陳述，表示阿文在犯案的時候意識清醒、記憶清晰，而且也具有道德判斷能力。因此，很難認為阿文是因為沒有辨識行為能力或欠缺辨識行為能力，因而獲無罪的可能。

◑ 預謀殺人抑或衝動犯案？

阿文矢口否認是預謀要殺害真真。他表示當天只是想找真真講清楚後自殺，也稱自己上網找了自殺方法，砍了自己的頸動脈、手腕，他也提到不知道為何砍不死自己，轉而自殘身上其他部位，同時也否認他的告訴代理人曾說自己是用刀背砍的說法。

一審及更一審法官採信了阿文的說詞，認為阿文頭部、頸部、四肢確實有多處刀砍的縫針。

惟更二審的法官認為，透過兩人的對話紀錄以及阿文的訣別書，可以證明阿文顯露殺機，有殺害真真的預謀，並且依精神科鑑定證明，預謀殺人及自殺是可以並存的，殺人後自殺的預謀並不相衝突。

法律與反思

等到出人命法律才能介入？

　　本章並非要探討殺人行為時精神鑑定或死刑的問題，而是要帶大家換個角度思考。本案看似是一件男女朋友間的情殺案，但是從殺人時間點回溯兩人之間的互動，可以發現男方在兩人分手之後，情緒崩潰伴隨的跟蹤、騷擾、侵入住宅及恐嚇，甚至於分手前就存在親密關係中的暴力。除了從自身省思親密關係暴力，法律能夠解決這類的問題嗎？

法律能夠終結恐怖情人嗎？

　　其實在本案發生後，也催生《家庭暴力防治法》第 63 條之一，也就是所謂的「恐怖情人條款」，簡言之，就是情侶間也可以透過申請保護令的方式阻止暴力。2018 年及2019 年內政部也通過〈糾纏行為防制法〉草案，希望可以有效解決社會新聞上時有所聞的跟蹤、騷擾等案件。

法律白話文 小學堂

❶ 家庭暴力防治法第 63 條之一 恐怖情人條款：

被害人年滿十六歲，遭受現有或曾有親密關係之未同居伴侶施以身體或精神上不法侵害之情事者，準用第九條至第十三條、第十四條第一項第一款、第二款、第四款、第九款至第十三款、第三項、第四項、第十五條至第二十條、第二十一條第一項第一款、第三款至第五款、第二項、第二十七條、第二十八條、第四十八條、第五十條之一、第五十二條、第五十四條、第五十五條及第六十一條之規定。

前項所稱親密關係伴侶，指雙方以情感或性行為為基礎，發展親密之社會互動關係。

本條自公布後一年施行。

> 法律白話文

情侶間也可以使用申請保護令的方式阻止身體或精神上的暴力。

❶ 《社會秩序維護法》第 89 條

有左列各款行為之一者，處新臺幣三千元以下罰鍰或申誡：

一、無正當理由，為人施催眠術或施以藥物者。

二、無正當理由，跟追他人，經勸阻不聽者。

> 法律白話文

沒有正當理由跟蹤、騷擾他人，被勸阻後仍屢勸不聽，將被處以罰鍰。

情侶之間，也適用家暴法？

恐怖情人條款 vs. 社會秩序維護法

本章的阿文與真真，曾是男女朋友且有過親密關係，因此雙方在分手後，被跟蹤騷擾、恐嚇的真真，就符合「曾有親密關係之未同居伴侶」，可以根據本條款向法院聲請保護令。雖然增訂後的家暴法適用對象擴大至現有或曾有的男女朋友關係、同性戀戀人之間，但是對於不屬於以情感或性行為為基礎的親密關係伴侶之間，被害人將無法求助於家暴法，而此種類型的被害人還可以獲得何種法律保護呢？

恐怖情人條款

依據過去衛生福利部的立法理由認為，家暴法只規定「配偶或前配偶」、「現有或曾有同居關係」，導致未同居的伴侶之間，無法獲得相關人身安全保障。再者，經過調查後發現，未同居的親密關係暴力大多存在 16 歲至 24 歲的女性，因此將家庭暴力防治法上的民事保護令的聲請與核發對象，擴大至「非家庭成員」。

白話一點來說，加害人與被害人的關係，不一定要是家庭成員，也不一定要同居，只要「現有」或「曾有」親密關係的伴侶，也可以根據家庭暴力防治法第 9 條以下之規定，向法院聲請民事保護令。而法律中所謂的親密關係伴侶，就是本條第二項所稱的「雙方以情感或性行為為基礎，發展親密之社會互動關係」。不過，家暴法對於防制陌生人跟蹤騷擾的時效性及實際效益皆有不足的批評存在。

社會秩序維護法

　　民國 106 年就有另一件引起熱議的案件──是一起男大生追求女生不成持刀刺傷對方的案件。受害人從高中被該男大生搭訕，男大生被拒絕追求後，開始尾隨跟蹤受害人，受害人曾於事發前一個月到警局報案，但是雙方畢竟沒有前述「恐怖情人條款」的適用關係，無法透過「司法介入」，而且警方也沒有法令規範跟蹤騷擾的行為，可以立即作出相關處置及提供保護措施，最多僅能透過社會秩序保護法第 89 條，僅能對於勸阻不聽無正當理由的跟蹤騷擾處以罰緩。

除了社會秩序維護法之外，其實尚有刑法的恐嚇罪、強制罪相關規定可以約束加害人行為，抑或是透過《性別工作平等法》、《性騷擾防治法》、《性別平等教育法》等相關規定約束（此種類型必須符合「具有性意味與性別歧視」或「與性或性別有關」之行為）。但是，大部分被跟蹤騷擾的被害人可能並不一定期待加害人被關、被抓或被罰錢，而是能夠立即阻止、停止這種「勾勾纏」的行為。因此，在第一時間若能透過「警察介入」，以提供被害人保護，應是較具有實際效益，也能夠防止更嚴重的行為與悲劇發生。

如何聲請保護令？[1]

　　如果在親密關係中，已經有暴力事實發生，而且有可能再度發生，就可以聲請保護令。也因此，有暴力的發生，最好要蒐集證據，例如錄音、錄影或去醫院驗傷，法官才能確認真的已經發生了暴力的情況。如果證據不足，很可能聲請會遭到法官駁回。

　　在實務上常見夫妻或情侶之間摩擦而吵架，或不小心發生的肢體衝突，受傷的一方就會跑去法院聲請保護令，但這種情況很可能會被認為只是偶發性的衝突，未必會反覆發生，而沒有具備聲請保護令的程度，法官可能會駁回聲請。

　　保護令依效力期間的長短和聲請方式，可分成三種：
* 緊急保護令
* 暫時保護令
* 通常保護令

　　緊急保護令除了「已發生」、「可能再發生」外，還要有「急迫危險的情況持續發生中」。例如，要是再不趕快核發保護令，受害者可能就會重傷或死亡的危險程度。緊急保護令會在四小時內核發。

暫時保護令就是短期、暫時性的保護令，法官通常以書面取代開庭審理；如果核發暫時保護令後，通常在一、兩個月左右會再進行通常保護令的開庭審理；通常保護令的有效期間為兩年以下，不過在失效前，聲請人可以聲請撤銷、變更或延長之，每次延長最多不會超過兩年；而在審理期間，法院可以先核發暫時保護令以保護被害人，避免出現空窗期。

　　保護令可以向警察局、地方法院、或縣市政府的社會處／局聲請。在法院和社會處／局通常都會有社工，可以協助受害者的需求，而保護令的聲請是不需要繳納任何費用的。

　　法院對保護令的聲請做出結果，不論是核發或駁回，都可以在十天內提起抗告，也就是再請法官重新判斷一次。

「勾勾纏」的糾纏行為，法律有解嗎？

防制糾纏行為的曙光

依照我國內政部統計，每年約發生 4 千到 5 千件跟蹤案，而現代婦女基金會曾在 2014 年針對 16 至 24 歲女學生做調查，發現每 8 位就有 1 位曾有被跟蹤騷擾的經驗，其中 30% 為陌生人、24% 為追求者，皆不是《家庭暴力防治法》所規範的家庭成員。可見跟蹤騷擾行為無法被現有的《家庭暴力防治法》所規範，對青少年的安全保障不足。

在社會幾起社會注目的跟蹤騷擾事件發生後，內政部為防制糾纏行為，制定了「糾纏行為防制法」草案，2018 年 4 月行政院通過「糾纏行為防制法」草案，要求警察調查並處理糾纏行為、賦予法院核發防制令的權力，藉由公權力及時介入，有效遏止糾纏行為，避免後續重大犯行發生。但是警政單位擔憂如此將造成案件量過大，警察勤務無法負荷，排擠治安維護工作，因而對外宣布要求本法暫不推動。

糾纏行為

糾纏行為防制法第 3 條規定，必須是行為人基於「愛戀、喜好或怨恨」，反覆或持續為下列款項其中一款行為，使被害人心生厭惡或畏懼：

一、監視、觀察、跟蹤

二、盯梢、守候、尾隨

三、撥打無聲電話

四、要求約會

五、寄送物品

六、出示有害個人名譽訊息

七、濫用個資代購貨物

為了明確規範本法所要防制的糾纏行為，並使人民清楚知悉或具體認知可罰行為的內容，將糾纏行為的類型明文規定。

只要反覆或持續從事這類行為的其中一項或數項，就構成糾纏行為。例如，進行「跟蹤」與「撥打無聲電話」各一次，或「跟蹤」兩次以上都會構成糾纏行為。

警察命令

被害人要在明確「知道有糾纏行為」時開始 2 個月內報案，被害人通報有糾纏行為後，警察應該即時勸阻或制止正在進行糾纏行為的人，並進行調查。調查後，若認為確實有糾纏行為，警察機關可以對行為人警告或處新臺幣 1 萬元以上 10 萬元以下罰鍰。

防制令

行為人 2 年內還有其他糾纏行為，被害人可以向法院聲請「防制令」，禁止行為人進行如監視、跟蹤、尾隨等各項騷擾行為。

刑事處罰

如果違反防制令將被處以 3 年以下有期徒刑、拘役或科或併科新臺幣 30 萬元以下罰金的刑罰制裁。

綜合以上規定，可以發現本草案為避免過度干預民眾生活，是採取「階段性介入」的方式，先由警察機關「裁罰」，如果行為人繼續糾纏行為，則由法院「核發防制令」，再違反防制令者，則有「刑責」。

立意良善，卻成為遺珠之憾

本草案出爐後在各界引發討論，不過，最後這個草案成為 2019 年立法院會期的遺珠之憾，來不及三讀就胎死腹中。在 2020 年 10 月警政署又推出一部「糾纏犯罪防治法」草案，但是在糾纏行為的適用對象與前身「糾纏行為防制法」有很大的不同，亦被現代婦女基金會研發部主任王秋嵐批評適用對象過於狹窄。

例如，在「糾纏犯罪防治法」草案中，將糾纏犯罪的對象限縮為必須是曾犯下性騷擾防治法等法之人，並且一年內再犯糾纏行為後才適用。與前身「糾纏行為防制法」草案明確訂定糾纏行為類型即有差距。

除此之外，「糾纏犯罪防治法」草案第 4 條及第 5 條也規定，警察若得知有疑似行為人對同一個特定對象反覆或持續做出性騷擾行為，須即時制止其行為。警察為了保護被害人或防止危害發生，可以採取必要安全措施，並且查訪及告誡糾纏犯罪嫌疑人。此處與「糾纏行為防制法」草案，被害人在向警方報案後，警察就應該即時制止並調查的立法不同。

換言之，舊草案「糾纏行為防制法草案」由於有被害人通報機制，一經被害人報案，警察即有即時制止並調查的義務。而在新草案「糾纏犯罪防治法草案」較像是警察有制止及調查的權利，但是警察若認定該行為人不符合糾纏行為態樣則不用即時介入。

如果法律幫不了我，我能夠怎麼幫自己？

　　「糾纏行為防制法」草案成為遺珠之憾，而後新版送審縱使不一定通過，也受到各界討論與批評，究竟如何在能夠立即停止跟蹤騷擾，以及不過度限制他人行為之間取得平衡是道難題。但是在法律尚未完善之前，除了法律必須跟進，大家對於親密關係與互動的理解也必須隨著時間翻新，在一起不等於相互擁有，學習如何接受或拒絕，練習失去及失望，也是情感關係開展與維持的必經過程。

---

[1] 蔡孟翰，〈家暴了怎麼辦——到底什麼是保護令，怎麼聲請呢？〉

10
私密影像被公開在網路上，該怎麼辦？

What the

事件

誤傳私密影片，有罪嗎？

◢事件主角

小寧

阿弘

鄉民A、B、C、D、E

◢事件時間

民國 109 年 11 月

◢事件地點

台北某大學

◢事件概要

小寧是一名大一生，離開南部來到台北念書，她的在校成績很好，基本上沒有什麼能讓父母擔心的地方。有一天，她在交友軟體認識了一名叫做阿弘的同校大三生，在阿弘的甜言蜜語下，兩個人很快地發生性關係。年輕懵懂的他們拍錄了性關係的影像，想記錄下兩人相愛的證明。阿弘為了跟好友炫耀自己的「豐功偉業」，想把影片傳給同班的小山，沒想到不小心將影像傳送到了班級群組。一時之間，小寧與阿弘的事情在校內便迅速地傳開來……。

〔拍影片的當下我根本沒想那麼多〕

我的目光,不自覺地都投向他

　　那一天,小寧在社群軟體的廣告上看到了一個交友 APP,覺得新奇有趣,也為了想認識更多的朋友和異性,小寧便不假思索地申請了交友軟體的帳號。進入交友軟體不久後,她就瀏覽到了一個熟悉的臉孔——那是學校籃球隊學長阿弘。他是學校裡的風雲人物,每次校隊外出比賽的時候,小寧的目光總是落在他身上。「沒想到他也有在玩這個 APP」,當小寧心裡這麼想

的時候，手指也不自覺地往右滑，兩個人也順利在交友軟體上配對成功，開始聊起天來。

他是我的初戀，所以他要我做什麼我都願意答應他

兩人認識之後便開始有了交集，除了網路上聊天之外，兩人也會約出去吃飯或到處走走。那一天，小寧和阿弘約會去看電影，電影散場之後，阿弘便邀小寧到他的租屋處，小寧也答應一同前往。兩人在阿弘的房間一起聽了一會兒音樂，肩並肩坐在地上，阿弘的身體也不自覺靠近小寧。雖然有點猶豫，但是因為小寧很喜歡阿弘，也曾經幻想過各種可能會發生的親密關係。小寧說：「我們開始發生性關係，開始後沒多久，阿弘拿出了手機想要拍攝，我覺得有點害羞，但是他說這是我們的第一次，想要留下我們開心的經驗，我沒有拒絕。」但是小寧表示，他有輕輕地推開了阿弘的手機鏡頭：「我記得我有跟他說，希望他不要拍到我的臉。」

結束後我們一起洗了澡，吃完飯後回家

　　小寧回憶道：「那天結束後我躺在他床上就睡著了。醒來之後，他帶我去他家附近的餐廳吃晚餐，吃完後他也陪我去等公車。回到家我還是有傳訊息給他，但是我覺得他好像變得有點冷淡，不太理我。」小寧當時心想，阿弘會不會就是大家所說的那種「渣男」？

一覺醒來，世界都變了

　　隔天一早，小寧才剛起床就看到她的手機有很多未接來電，正疑惑發生什麼事情的時候，她的好朋友又打來了一通，她接起電話，好朋友焦急地問她：「到底發生了什麼事情？」尚不知實情的小寧被朋友搞得一頭霧水，朋友這才趕緊傳了一個「小寧小破麻」的粉絲專頁給她，粉絲專頁上的貼文中有小寧的照片，以及一些明顯是前一天晚上阿弘拍攝的影片中所擷取出的畫面。小寧顫抖著雙手，滑過了貼文下方的數不清的對話列與留言。小寧覺得她的世界幾乎要崩塌了，完全不知道該如何面對這種事情。

　　過了幾天，小寧的手機甚至收到了匿名簡訊，內容是要找小寧性交易的訊息。小寧邊哭邊顫抖地說著：「甚至有人傳簡訊說要埋伏強姦我……我真的不知道該怎麼辦。」

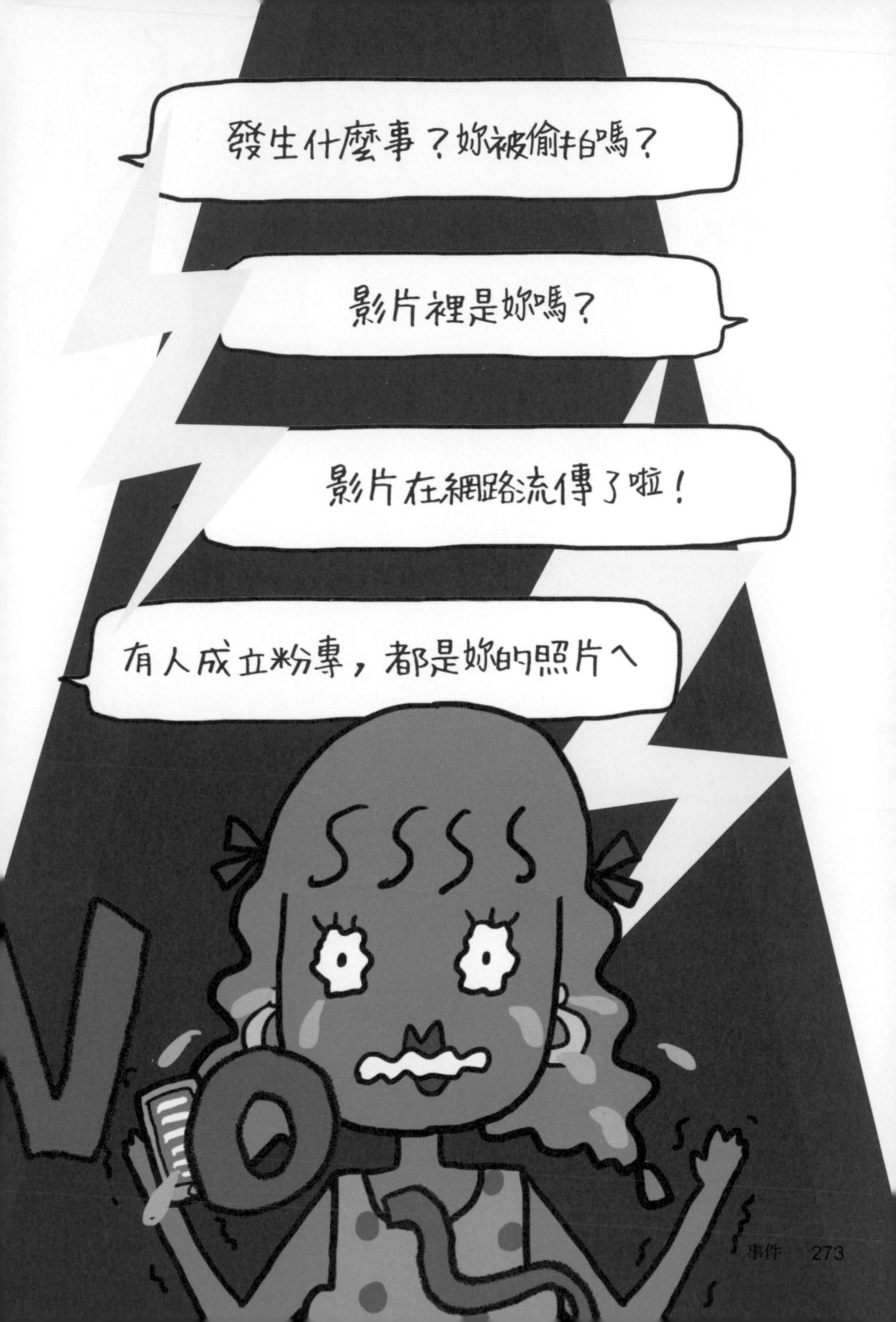
發生什麼事？妳被偷拍嗎？
影片裡是妳嗎？
影片在網路流傳了啦！
有人成立粉專，都是妳的照片ㄟ
VO

〔我只是一時糊塗
按了分享鍵〕

我並沒有偷拍，我只是想跟小山炫耀而已

　　對於此事，阿弘也有話要說：「那個鬧得沸沸揚的粉絲專頁並不是我創立的，我根本不知道是誰。」阿弘表示，與小寧發生性關係的時候，小寧並沒有拒絕他，阿弘也有記得小寧說過不要拍到她的臉。但是，阿弘在過程中屢次拿手機拍攝，小寧並未閃躲，阿弘便以為小寧同意阿弘的行為，他才會用手機拍下整個性關係的過程。阿弘說：「我的確是出於炫耀的心態，才想傳給小山看，但是小山是我信得過的兄弟，我那時候覺得我傳給他沒有問題。」

我並沒有創立粉絲專頁

　　阿弘懊惱地說：「我實在不知道為什麼我會按錯鍵，我真的沒有想要傳給大家看，我一時手滑造成這個風波，我真的很抱歉。」阿弘表示，他也不知道網友是如何肉搜到小寧的，粉絲專頁也不是他創立的，更不清楚為什麼會有人如此惡毒，透過私訊、簡訊的方式，傳給小寧那些可怕的訊息。

我願意賠償金錢，也會跟小寧道歉，希望法官給我機會

　　阿弘後悔地說：「我真的對我一時鬼迷心竅所做出的蠢事感到非常抱歉。我知道金錢沒辦法解決這一切，但是我希望法官可以給我一個機會，讓我有機會彌補我所做出的錯事。」

　　此事爆發之後，在網路上掀起了一陣風波，鄉民 A 成立了粉絲專頁，目的就是為了要取笑、調侃小寧；鄉民 B 則是肉搜小寧的個人訊息之後，透過社交軟體私訊給小寧，傳了許多騷擾的訊息。鄉民 C 則是在網路上下載並且轉傳小寧與阿弘發生性行為的影像；鄉民 D、E 甚至發送威脅要強姦小寧的簡訊給她。對於阿弘一時手誤引發一連串的事件，他懊惱地說：「這些都不是我之前所預料的，我真的是一個壞人……。」

⊲ 案件判決結果

　　就妨害祕密罪的部分應判決無罪，而阿弘把影片傳到班級群
組，涉及散布猥褻物品罪，緩刑二年，並應接受兩堂法治教育
課程。

⊲ 判決理由

　　綜合阿弘的自白以及手機裡的傳遞紀錄，還有勘驗影帶中的內
容，阿弘就兩人間的性行為過程，並沒有進行竊錄，所以不構
成妨害祕密罪，這部分判無罪。不過阿弘散布猥褻物品罪，判
處緩刑兩年。

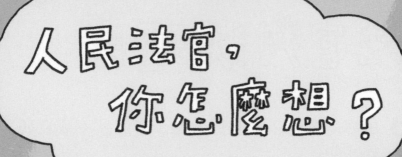

人民法官，你怎麼想？

阿弘沒有經過小寧同意就將影片傳到班級群組，阿弘應該分別成立妨害祕密及散布猥褻物品罪。

阿弘拍攝的時候是經過小寧的同意，所以阿弘只就影片傳到班級群組的部分成立散布猥褻物品罪。

【B】

法官判決理由

● 小寧同意阿弘才進行拍攝，所以並不成立妨害祕密罪

妨害祕密罪的立法目的，在於保障人民祕密通訊自由及隱私的權利。在法律上，禁止人民在沒有法律上原因的情況下，用錄音、照相、錄影或電磁紀錄竊錄他人非公開的活動、言論、談話或身體隱私部位。

小寧與阿弘兩個人在房間中發生私密的性行為，毫無疑問是兩個人都不想公開的隱私活動。如果想要記錄這樣的過程，必須經過雙方的同意。如果記錄性活動的過程中有經過雙方同意，就不算法律上所規定的偷錄行為，也不會構成刑法規範中的妨害祕密罪，法律上對這樣的行為也無所限制。

按照小寧的資料來看，小寧已經年滿 18 歲，所以沒辦法適用「兒童及少年性剝削防制條例」中關於拍攝兒童或少年性交或猥褻行為照片、影片的規定，阿弘拍攝的行為應該是無罪的。

○ 沒有經過對方同意散布影片，在現行法律就只構成「散布猥褻物品罪」

按照目前的規定，傳遞這種未取得影片拍攝者同意而散布的性私密影像行為，僅會構成散布猥褻物品罪。散布的意思是指讓一般不特定人或特定多數人可以取得、下載、轉發、傳送；而法律規範中猥褻物品指的是，對於一般人來說足以刺激或滿足性慾，並引起普通一般人羞恥或厭惡感而侵害性的道德感情，且有礙於社會風化，包括文字、圖畫、聲音、影像的猥褻物品。

○ 考量被告阿弘最後還是和解了，法律沒必要逼人到絕境，所以決定科以緩刑

雖然阿弘手誤才不小心將影片轉發到群組中，但是他原本想傳給朋友小山的這種心態就是錯誤的。法官審酌阿弘並沒有前科，事後也與被害人達成和解，最後決定科以散布猥褻物品罪，緩刑二年，並應該接受兩堂法治教育課程。

法律與反思

　　好奇心不只殺死一隻貓，這種未經同意散布性私密影像也更是讓人困擾。每當有這類型的影像在網路上傳遞，總是有不少人出於好奇心「想上車」、「求連結」。但是，正因為人們這樣的好奇心，才會造成相關的影片或是相片加速傳遞，而這些傳遞更是受害者無形的壓力。

　　我們無法預設，也無法渴求每個被害者都能積極、樂觀的面對這些突發事件，更無法形塑一個可以拋棄性隱私的環境。也許，當我們在網路上意外看到這樣的事件發生時，作為網路使用者的我們，「下車」會是最好的選擇。

法律白話文小學堂

◯ 刑法第 315 條之 1 第 2 款：

有下列行為之一者，處三年以下有期徒刑、拘役或三十萬元以下罰金：
二、無故以錄音、照相、錄影或電磁紀錄竊錄他人非公開之活動、言論、談話或身體隱私部位者。

法律白話文

沒有正當理由用錄音、照相、錄影或電磁紀錄竊錄別人非公開的活動、言論、談話或身體隱私的部位。

◯ 刑法第 235 條：

散布、播送或販賣猥褻之文字、圖畫、聲音、影像或其他物品，或公然陳列，或以他法供人觀覽、聽聞者，處 2 年以下有期徒刑、拘役或科或併科 3 萬元以下罰金。

法律白話文

讓一般不特定人或特定多數人可以取得、下載、轉發、傳送或販賣包括文字、圖畫、聲音、影像的猥褻物品。而只要是對於一般人來說足以刺激或滿足性慾，並引起普通一般人羞恥或厭惡感而侵害性的道德感情，且有礙於社會風化，就算是猥褻物品。

❶ 兒童及少年性剝削防制條例第 36 條：

拍攝、製造兒童或少年為性交或猥褻行為之圖畫、照片、影片、影帶、光碟、電子訊號或其他物品，處一年以上七年以下有期徒刑，得併科新臺幣一百萬元以下罰金。

【法律白話文】

對未滿 18 歲的兒童或少年拍攝或製造性交或猥褻行為的圖畫、照片、影片等猥褻物品。

概念1

什麼是霸凌？

　　所謂的霸凌，泛指個人或群體持續用言語、文字、圖畫、符號、肢體動作、電子通訊、網際網路等方式，直接或間接對於被害者故意做出貶抑、排擠、欺負、騷擾或戲弄等行為，使被害者處於敵意或不友善的環境，產生精神上、生理上或財產上的損害，或影響正常日常活動進行。

　　在網路領域中經常遭遇的網路霸凌主要可以分成以下三種類型：網路文字、圖像騷擾、個人訊息騷擾。不管騷擾或是霸凌的方式為何，是否成立犯罪，都還是要看具體的行為有沒有涉及刑法所規範的相關法律。

　　像是本章的案例中，有人成立嘲笑小寧的粉絲專頁，且粉絲專頁名稱以「小寧小破麻」為名，便可能涉及公然侮辱及誹謗罪。另外，有人肉搜小寧的個人資料後，透過社群媒體傳送許多騷擾訊息給小寧，或甚至有人發送簡訊，威脅要強姦小寧的內容，這些都會涉及恐嚇罪嫌。如果有人在網路上下載或轉傳小寧與阿弘性行為的影像，則會涉及上述的散布猥褻物品罪。

　　如果「少年刑事案件」審理結果是科以徒刑，在考量到少年

犯與成年犯所需要的矯治方式及需求有所不同，會交由少年矯治學校實行；而如果「少年保護事件」結論是科予「少年保護處分」，則內容包含訓誡、保護管束、安置輔導、感化教育。

　　未成年涉及霸凌行為，進而侵害別人所衍生的賠償問題，法定代理人（如父、母），也需要連帶負擔民事賠償責任。

未成年人觸法就沒有法律責任嗎？

　　本章所舉的案例，是發生在大學校園裡，所以大家都可適用成年人的刑法來處理上述的法律問題。但是，如果今天是十二歲以上、未滿十八歲的人，國家為了保障少年健全的自我成長，不會讓少年直接適用刑事程序，而是使用較軟性的「少年事件處理法」，雖然程序與法律規範的效果較軟，但是不等於沒有法律責任。

　　程序上，任何人（較常見的少年的監督權人、少年肄業的學校或從事少年保護事業的機構、司法人員）發現少年有涉及刑事案件或是發現少年處於可能觸犯刑事案件的情況，在經過檢警的初步偵查後，都應該先移送給少年法院。

　　少年法院的法官會先初步審酌少年涉及的案件內容與觸法情況，之後會把案件交給少年調查官。少年調查官必須調查該少年與事件有關的行為、少年的品格、人生經歷、身心狀況、家庭情形、社會環境、教育程度以及其他必須調查的事項。調查官也須在指定的期限內提出報告，並附上具體建議給法官。

少年法院依據調查結果的不同，可以做不一樣的裁定。如果屬於「少年刑事案件」，可以將案件移送給檢察官進行偵查。如果少年法院依照調查的結果，認為直接由少年法院開始審理就可以，法院就要作出開始審理的裁定，也就是「少年保護事件」。

　　另外，關於成年人之間，未經同意散布性私密影像（nonconsensual pornography），目前與散布猥褻物品罪的規範並無分別。簡單來說，社會上常見情侶、夫妻等性伴侶，基於情趣或種種原因所拍下的性隱私影像，在沒有經過對方的同意就進行散布，在目前的法律評價上，與散布一部網路上下載的 A 片是一樣的。

概念3

湊熱鬧跟著下載、轉發別人的性隱私影像，不會有事嗎？

按照目前的法律規定，不論是對未滿 18 歲的兒童或少年拍攝、製造、散布、播送、販賣，或是沒有正當理由下取得兒童或少年的性交或猥褻行為的影像，依照行為內容的不同也都會有輕重不同的法律規範。

即使是單純取得兒童或少年的性交或猥褻行為的影像（最輕的違法行為），也要負擔處新台幣一萬元以上十萬元以下罰鍰，甚至可以要求接受二小時以上十小時以下的輔導教育，拍攝製造的人更要面對一年以上七年以下有期徒刑。

法律上會有這樣的規定，除了為了保護未成年人，另一方面也是給成年人一個誡命的規範。當對象是未成年人時，就應該有責任不去與對方接觸，不接觸對方、發生性關係或是從事其他與性相關的舉動。

ISSUE 033

What the法：法律誰說了算？若你是法官，你會怎麼判？

作者	公共電視
文字	法律白話文運動
插畫	石芯瑜、蔡佳錡、陳濯緯
法律總顧問	司法院對話小組
責任編輯	鄭廷
校對	江鎬佑、林大鈞、徐書磊、許珈熒、劉珞亦、蔡涵茵
美術設計	黃馨儀
責任企劃	林進韋
總編輯	胡金倫
董事長	趙政岷
出版者	時報文化出版企業股份有限公司
	108019 台北市和平西路三段240號1-8樓
	發行專線｜02-2306-6842
	讀者服務專線｜0800-231-705、02-2304-7103
	讀者服務傳真｜02-2304-6858
	郵撥｜1934-4724 時報文化出版公司
	信箱｜10899臺北華江橋郵局第99信箱
時報悅讀網	www.readingtimes.com.tw
電子郵件信箱	ctliving@readingtimes.com.tw
人文科學線臉書	https://www.facebook.com/jinbunkagaku
法律顧問	理律法律事務所｜陳長文律師、李念祖律師
印刷	華展印刷有限公司
初版一刷	2021年1月22日
初版六刷	2024年9月3日
定價	新台幣420元

ISBN　978-957-13-8529-7｜Print in Taiwan

時報文化出版公司成立於一九七五年，並於一九九九年股票上櫃公開發行，於二〇〇八年脫離中時集團非屬旺中，以「尊重智慧與創意的文化事業」為信念。

What the法：法律誰說了算？若你是法官，你會怎麼判？｜公共電視作.－初版.－臺北市：時報文化出版企業股份有限公司，2021.01｜288面；14.8×21公分.－(Issue；33)｜ISBN 978-957-13-8529-7(平裝)｜1.法律社會學　580.1654｜109021715